AISA

PAR

L'ÉCONOMIE

Dédié aux ouvrières intelligentes

PAR LA

GRAND MÈRE MARTHE

OUVRAGE RECOMMANDÉ

PAR LE

CONSEIL GÉNÉRAL DES VOSGES

ET LA

SOCIÉTÉ INDUSTRIELLE DE MULHOUSE

EPINAL

IMPRIMERIE C. FROEREISEN

1892

L'AISANCE

PAR

L'ÉCONOMIE

Dédié aux ouvrières intelligentes

PAR LA

MÈRE MARTHE

ÉPINAL
IMPRIMERIE C. FROEREISEN
2, Rue du Collège, 2

PREMIÈRE PARTIE

L'INFLUENCE DE LA FEMME SUR LE BONHEUR DE LA FAMILLE

LES SOINS A DONNER AUX PETITS ENFANTS

L'ÉDUCATION DES ENFANTS

LA TENUE DU MÉNAGE

MODÈLE D'UN LIVRE DE COMPTES POUR LE MÉNAGE

CHAPITRE PREMIER

L'influence de la femme sur le bonheur de la famille

« Deux minutes par jour font une journée dans l'année. »

Recette pour faire un bon ménage :
(Trouvée dans un vieux livre bâlois).

« Mettez à la marmite beaucoup de patience et de persévérance, avec même quantité de bonne humeur et de bonne volonté ; écumez soigneusement pour enlever l'égoïsme, la paresse et la négligence. Laissez mijoter longuement sans quitter le foyer et vous aurez accommodé le bonheur. »

On se trompe infiniment en pensant trouver ses aises dans le mariage, et pourtant combien de jeunes filles ne cherchent-elles pas à se mettre en ménage, dans le but unique de se soustraire à un travail régulier ?

Si l'homme apporte par son labeur l'argent nécessaire à faire vivre la famille, il ne saurait amener l'aisance au logis sans le concours assidu de la femme, qui doit réaliser par son travail une somme équivalente et doubler ce gain en le faisant valoir.

Le mari fournissant de quoi subvenir aux dépenses,

l'activité de la femme peut sembler inutile; mais c'est précisément de son industrie, de son infatigable prévoyance que dépendent la prospérité et l'avenir.

La « bonne femme » doit être à l'œuvre dès le point du jour; elle doit se lever la première, comme elle a pour devoir de se coucher la dernière. Ses soins doivent porter sur les choses les plus infimes comme sur les plus importantes, « rien » ne doit échapper à sa surveillance, si elle comprend son travail, et sa journée suffit à peine à l'accomplissement de tant de devoirs. Je ne vois, pour elle, ni le moment de faire une station dans la rue, ni celui de causer au coin du feu chez la voisine. Elle doit se donner complètement aux siens, avec l'abnégation d'un cœur chrétien qui sait comprendre et accomplir joyeusement sa tâche.

Sans doute les difficultés sont grandes, mais quelle compensation dans le résultat de cette chose si belle, si rare : la paix et le bonheur de la maison. Le but de la vie de la femme est d'arriver à ce résultat.

C'est de la femme que dépend presque toujours la bonne entente du ménage. L'homme moins capricieux, d'un jugement plus sûr apporte dans son intérieur moins de causes de discordes. Il aime, sauf de rares exceptions, son foyer auquel il s'intéresse et où il resterait volontiers aux jours de repos, si la femme savait le lui rendre agréable. Avec de l'intelligence et une bonté constante on arrive sûrement à modifier même un caractère difficile, à retenir chez lui un mari habitué à fréquenter les brasseries ou les débits de vin.

Pourquoi la femme ne cherche-t-elle pas, par tous les moyens à garder son mari auprès de ses enfants, auprès d'elle, pendant la journée du dimanche ! Il serait facile de lui servir à la maison la bouteille de vin ou de bière avec le petit pain bien frais qu'il va consommer au dehors. Ne pourrait-elle parfois ajouter à ce goûter de l'après-midi une chose qu'il aime et ne trouverait pas là-bas ? La peine serait bien petite et le profit si grand ! Pourquoi ne l'encourage-t-elle pas à choisir un de ces jolis livres d'histoires intéressantes qui se délivrent dans les salles de lecture ouvertes heureusement dans toutes les villes et qui peuvent se changer chaque semaine. Ne vaudrait-il pas mieux, en été, après la promenade, et par les jours d'hiver passer ainsi le dimanche, à causer en famille avec quelques amis, entre soi, plutôt que de s'attabler dans un débit de boisson enfumé et malsain, d'où l'on sort, hélas ! rarement avec toute sa raison ? Les femmes qui interdisent la lecture à leurs maris, parce que « cela les ennuie ou leur paraît inutile », sont bien imprévoyantes.

Pour conserver la paix de la maison, il faut mettre un soin infini à éviter toute occasion de contestations, toute impatience et surtout toute « colère ». Savoir « se taire », voilà la clef d'or qui ouvre la porte de la bonne entente. Malheureusement peu de personnes savent en faire usage. Cela est-il très difficile ? Non, vraiment, car il suffit d'avoir pu se vaincre une fois ou deux pour que l'habitude en soit prise pour toujours. Jamais l'on ne devrait s'endormir, quand la journée a été mauvaise, sans s'être fait l'un à l'autre l'aveu de ses torts. Il est nécessaire que la femme prenne l'initiative de l'accomplissement de cette noble tâche, car si l'homme a ses grandes qualités, il a ses défauts aussi, et toujours celui de ne pas aimer à reconnaître ses torts le premier. Pour la femme plus souple, plus accoutumée à se plier à l'obéissance, ce sacrifice d'amour-propre est moins difficile, et, lui en coûterait-il infiniment, elle s'y soumettrait certainement en voyant le résultat excellent de ce seul moyen de mettre un terme à une situation pénible.

La soumission est nécessaire à celle qui sera toujours la plus faible, mais cette soumission doit être raisonnée et non passive. Une femme courageuse ne recule jamais devant la crainte de faire à son mari une observation utile. Mais que de précautions ne faut-il pas pour éviter l'aigreur et la colère, de peur d'arriver au résultat contraire. Un conseil aussi sérieux ne doit se donner que dans un moment de calme, par des paroles pesées à l'avance, avec un sentiment de déférence éloignant toute pensée d'humiliation, et d'une façon écourtée qui ne laisse pas à la mauvaise humeur le temps de se faire jour. Ce qu'on ne saurait obtenir par la violence, s'obtient sûrement par l'amitié et la douceur.

CHAPITRE II

Des soins à donner aux petits enfants

Si tant de petits enfants meurent dans les premières semaines de leur naissance, si tant d'autres gardent leur vie durant une santé peu robuste, la cause en est presque toujours à des soins négligés ou peu éclairés au début de leur existence.

Pour arriver à faire d'un petit enfant un être plein de force et de santé, il faut veiller attentivement à ce que rien ne vienne entraver son développement physique.

L'air, les lavages, la propreté, ainsi que la bonne entente de la nourriture sont de première nécessité pour la réussite de cette chose importante.

Chaque jour l'enfant doit être habillé de vêtements fraîchement lavés, puis séchés bien à fond.

Que le berceau ne reste jamais humide, que la literie en soit changée le plus souvent possible ; que les oreillers et le duvet prennent l'air chaque jour, autour du fourneau en hiver, à la fenêtre ouverte, au soleil, dès que le temps le permet.

Le poupon doit être lavé à l'eau tiède dès son réveil du matin, de façon à ce que ni le dos, ni la poitrine, ni la tête ou les membres soient oubliés. Ce lavage se fait en hiver près du fourneau, et l'enfant doit être essuyé avec le plus grand soin avant d'être remis dans ses langes.

A partir de trois mois le lavage se fait avec de l'eau

froide ayant reposé pendant la nuit à la chaleur tiède de la chambre, et sans addition d'eau chaude. « Cet usage si aisé, si simple, est d'une importance capitale, car il produit sur la santé des effets que rien ne saurait remplacer. Il endurcit contre le froid et l'humidité, il préserve des rhumes, des fièvres, des croûtes de lait et de maintes autres misères dont l'enfance est affligée ; il fortifie en même temps le système nerveux qui s'en trouve amélioré pour toujours. » (Dr Hufeland. Bons conseils aux mères).

Il est indispensable d'aérer chaque jour la chambre où se tient le poupon et de le faire sortir régulièrement ; en été durant la journée entière, en hiver pendant le temps que le soleil donne, en ayant soin de l'habiller chaudement.

Les petites voitures qui s'achètent à si bon compte depuis quelques années sont excellentes pour cela, et je les recommande aux femmes qui peuvent en faire la dépense. L'enfant douillettement installé dans ce berceau mobile respire au grand air sous la surveillance de sa mère, qui, débarrassée ainsi de son petit fardeau peut en même temps s'occuper de sa couture ou de son ménage.

Le nourrissage au sein, délaissé par tant de femmes qui pensent alléger leur tâche en élevant leurs enfants au biberon, est pourtant le moyen le plus sûr de fortifier un poupon délicat ou de le maintenir en santé. Il épargne en même temps à la mère bien des nuits sans sommeil, bien des allées et des venues pleines de fatigues, destinées à faire taire des cris incessants. Il la préserve de soucis et de douloureuses inquiétudes, car le biberon le plus perfectionné présente de graves inconvénients et de véritables dangers. Le lait s'y aigrit rapidement et on arrive très difficilement à le donner toujours à la même température, ce qui peut provoquer des dérangements graves de l'estomac ou des intestins.

Dans le cas où le lait viendrait à manquer à la mère, dans celui où la maladie l'empêcherait de nourrir, l'allaitement au biberon devra être surveillé d'une façon toute particulière, et il faudra s'adresser au médecin ou à la sage-femme pour savoir exactement de combien le lait devra être coupé, ou s'il doit l'être, car dans la plupart des localités les laitiers se permettent de fournir du lait éclairci et déjà écrémé.

Le lait de vache ne se donne que bouilli et si l'addition d'eau était jugée nécessaire, il faudrait de même la faire bouillir à l'avance. La bouteille et le bout du biberon se nettoient à l'eau chaude chaque fois que l'on s'en est servi, le tube de caoutchouc, s'il y en a un, doit être rincé soigneusement à l'eau tiède, ce qu'on ne peut faire qu'en appuyant les lèvres à l'une des extrémités, trempant l'autre dans un pot d'eau tiède et en aspirant de façon à ce que cette eau vous monte à la bouche. Il est urgent de retourner une fois par jour le bout mou du biberon pour le laver proprement à l'intérieur.

Passé l'âge de quatre mois, on peut remplacer le lait dans le milieu du jour par une bouillie légère ou par une soupe bien cuite. Je conseillerais pour ces premiers potages de faire jaunir sur le fourneau de la croûte de pain et de la cuire ensuite pendant une heure avec du lait, un peu d'eau et du sucre. Durant la cuisson il faudra prendre soin d'en écraser tous les petits morceaux, de manière à les faire disparaitre complètement. On commencera par quelques cuillerées seulement pour le repas de midi et on augmentera petit à petit la proportion. Au bout de quinze jours, si l'enfant s'en trouve bien, la soupe se donnera encore comme premier déjeûner le matin ; et quinze jours plus tard, si ces deux repas sont bien supportés, une troisième fois le soir.

Après chaque potage il est nécessaire de laisser passer trois heures avant de donner le sein ou le biberon.

La bouillie, de même que la soupe, se prend une fois, puis plus tard deux et trois fois dans la journée ; elle est préférable à la soupe pour certains enfants ; c'est à la mère d'observer lequel de ces deux aliments convient le mieux à son nourrisson.

Les bouillies ont besoin d'une cuisson lente et prolongée pour être d'une digestion facile, elles ne sont à point qu'arrivées à une teinte dorée. Le lait dans lequel on les délaie avant de les mettre sur le feu, se coupe d'un peu d'eau dans les premiers jours.

Pour les enfants délicats, la farine de Salep, que l'on trouve en petits paquets chez tous les épiciers, ou la semoule remplacent avantageusement la farine ordinaire.

Si, à l'âge de 10 mois, le petit enfant se porte bien, on pourra commencer les potages au bouillon, dont les recettes se trouvent dans ce livre en un chapitre spécial intitulé : « Potages pour les malades et les petits enfants. » On fera bien, à partir de ce moment, de l'habituer petit à petit à prendre un peu de légumes : des carottes cuites dans le bouillon et écrasées, des pommes de terre, mais en soupe seulement et un peu de viande, si l'enfant possède déjà quelques dents, mais en évitant encore le lard.

L'enfant une fois sevré, il est nécessaire de lui conserver

des repas bien réglés. Le matin à son réveil, une bouillie ou une soupe ; à 10 heures un peu de pain et du lait ou tout au moins un morceau de pain ; à midi une soupe ; à 4 heures du pain et du lait ; à 7 heures une bouillie de Salep ou de semoule.

Dans le cas où la dépense ne serait pas trop forte, un œuf frais préparé à la coque et une tasse de lait composeraient un repas des plus fortifiants, préférable à tout autre. Je conseillerais aux mères qui ne pourraient le faire chaque jour, de donner ce souper à leurs petits enfants une fois ou deux par semaine, si possible.

Les diarrhées qui s'établissent sans qu'on y prenne garde et qui emportent parfois les pauvres petits en peu de temps, constituent un danger qu'on ne saurait assez signaler aux mères. Il est urgent de ne laisser cette indisposition plus de quatre ou cinq jours sans en parler au médecin, et si des vomissements venaient s'y joindre, il faudrait consulter sans attendre au lendemain.

Voici un remède qui agit souvent efficacement quand il est employé dès le début. Liez une poignée de fleurs de camomilles dans une étoffe légère. Faites-les bouillir dans une marmite pleine d'eau jusqu'à ce que cette eau soit d'un jaune pâle. Versez-la dans un baquet, ajoutez de l'eau froide de façon à ce quelle prenne une température agréable au « coude ». Il ne faut jamais en vérifier la tempé.ature avec la main qui supporte plus de chaleur que le bras. Il est utile de garder en réserve un pot d'eau chaude à ajouter petit à petit à l'eau du bain qui se refroidit rapidement. Ces préparatifs terminés, tenez l'enfant au bain pendant un quart d'heure, en ayant soin de ne laisser sortir que le cou et la tête, pour éviter les refroidissements. Donnez un bain de camomilles le matin avant le dîner, un second avant le souper, car après le repas les bains peuvent amener une congestion et être mortels. On réchauffe pour le soir l'eau du matin, qui peut fort bien servir deux fois. En même temps, si l'enfant est déjà habitué aux potages, il sera bon de mettre le lait tout à fait de côté, à moins que l'enfant tette encore — car le lait de la mère est le meilleur des remèdes — et de s'en tenir à des potages légers, dont les recettes sont données plus loin.

Le potage au bouillon de veau (voir au chapitre des potages pour les malades et les enfants) est préférable à tout autre dans ce cas. Il devra être continué jusqu'à ce que le mieux s'établisse. On met alors une demi-cuillerée à soupe de lait bouilli dans le biberon, avant d'y verser le potage au bouillon de veau et on augmente chaque jour de très peu la quantité de lait en diminuant celle du potage, pour arriver de nouveau au lait simple. — L'infusion de camomilles est le meilleur remède contre les coliques dont souffrent souvent les petits enfants. Cette infusion doit être d'un jaune pâle ; plus forte elle pourrait être nuisible au lieu de soulager. Il est bon de ne pas la sucrer beaucoup et de ne la donner à boire qu'à la température du biberon ordinaire. Une friction d'huile de camomilles faite en même temps sur le ventre est très active pour calmer les douleurs.

L'huile de camomilles peut se faire à la maison en versant de l'huile d'olive chaude sur des fleurs de camomilles, qu'on retire au bout d'une huitaine de jours.

CHAPITRE III

De l'éducation des enfants

Souvent l'on entend des parents se plaindre du peu de satisfaction que leur donnent leurs enfants. Il ne peuvent obtenir l'obéissance à laquelle ils ont droit ; leurs conseils ne sont pas suivis, et plus tard les fils ou les filles s'éloignent du foyer paternel, sans songer à leurs vieux parents et sans s'émouvoir de leur misère. La faute en est-elle réellement aux enfants ? Je vois peu de ces cas de coupable indifférence dans les familles plus aisées où l'éducation est l'objet des plus grands soins. Cette bonne éducation qui ne se conserve que dans un nombre très limité de familles, est cependant à la portée de tous, car elle ne coûte rien... rien que de la bonne volonté et de la persévérance.

Le père étant rarement à la maison, il faut que la mère prenne l'initiative de cette tâche importante et facile, oui, facile, à qui s'y prend à temps.

Les mères mettent malheureusement du plaisir à gâter leurs petits enfants ; les entêtements, les colères, les révoltes de ces petits les amusent ; elles croient y trouver la preuve d'une intelligence précoce qui les flatte, et, s'en faisant une cause d'orgueil, elles laissent ces défauts se développer librement. Puis, tout à coup, quand il est trop tard, quand l'enfant en grandissant s'est fait un caractère indiscipliné, égoïste, quand le manque de jugement et de cœur est bien affermi, les parents voient le mal et cherchent en vain à le réparer. On accuse alors ces innocents d'être nés avec des instincts mauvais, de n'avoir jamais su distinguer le bien du mal. Ce ne sont pas eux qui sont en défaut pourtant, mais les mères qui n'ont pas su dès le berceau leurs inculquer l'horreur de ce qui est mauvais.

L'éducation de l'enfant doit se commencer dans le plus bas âge. A 6 mois le poupon sait comprendre. Lorsqu'il se met en colère et que sa mère le couche dans son berceau, le laissant crier à sa guise, et ne le reprend dans ses bras, pour l'embrasser tendrement, que lorsqu'il s'est tu, il se rend compte qu'on ne l'aime que lorsqu'il est sage, lorsqu'il ne crie plus.

La mère doit mettre tous ses soins à distinguer si les cris de l'enfant ont pour cause une douleur ou une simple impatience, car elle risquerait de punir au lieu de consoler, d'augmenter une souffrance au lieu de chercher à la soulager.

Dans la douleur l'enfant verse des larmes, ce qu'il ne fait pas dans la colère.

La mère qui comprend ses devoirs commence, comme je le disais, l'éducation de ses enfants dès l'âge de 6 mois par la répression des cris de méchanceté. A deux ans l'enfant doit être si bien habitué à l'obéissance, que l'idée de ne pas faire ce qu'on lui dit, ne puisse entrer dans sa petite tête. Pour en arriver là, s'il ne suffit pas de le reprendre avec un air sérieux et avec autorité, il est bon que la verge lui apprenne à céder. Il faut user de ce moyen avec le plus grand discernement, afin de ne pas en faire une cause de répression cruelle. La verge ne doit jamais être employée dans un moment de colère. Pour l'appliquer sagement, il est nécessaire d'attendre que le calme soit revenu ; car l'enfant sentirait dans cette punition une sorte de vengeance, et il en garderait un sentiment mauvais d'injustice ou de rancune.

En frappant le petit désobéissant de la main, en le châtiant au moyen d'une corde, — ce qui se fait malheureusement assez souvent — on risque de le blesser ou de nuire d'une façon sérieuse à sa santé. La verge se fait de quelques brindilles de fagots, souples et sans aspérités. Deux coups appliqués de façon à ce que l'enfant en souffre, suffisent. Il ne faut *jamais* en donner davantage.— Dès les premiers mois l'enfant doit apprendre à rester en place pendant une demi-heure de temps à autre dans la journée. Durant ces moments de repos forcé, il est nécessaire de ne pas le laisser inactif, car l'ennui qu'il en ressentirait le pousserait à faire des inventions mauvaises. C'est pour éviter ce danger, que les parents prévoyants ne laissent jamais un enfant sans jouet. Il n'est pas nécessaire de se mettre en dépenses pour cela, quelques petits objets sans valeur font les meilleurs joujoux. — Montrez à vos petits enfants à placer les uns sur les autres quelques menus bois carrés ou longs, faciles à manier que le père aura taillé dans une planchette bien rabotée. Avec un bout de ficelle et une baguette un fouet est vite confectionné. Les bobines de fil vidées sont des roulettes amusantes à pousser de droite ou de gauche ; on peut les enfiler en collier par une ficelle. Une planchette percée d'un trou, au travers duquel on passe un cordon, devient un petit char sur lequel on peut traîner des cailloux ou des petits bois. Quelle est la mère qui, avec quelques chiffons, ne saurait confectionner une poupée ?

En même temps que le poupon s'amuse, il apprend à s'occuper. A l'âge de 3 ans, la petite fille doit commencer à coudre. Prenez une grosse aiguille avec un fil, nouez les deux bouts ensemble pour empêcher l'aiguille de s'échapper. Donnez à la fillette un morceau d'étoffe, et laissez-là passer le fil dans ce chiffon, mais en tenant à ce que chaque jour elle reste quelques minutes à cet ouvrage.

A cinq ans le moment est venu d'apprendre à faire le point en arrière. On montre à l'enfant comment se fait ce point, puis on la laisse étudier seule cette nouvelle manière de coudre qui l'intéressera sûrement, pour peu qu'elle ait le goût de la couture.

Chaque jour, en lui remettant son ouvrage, on aura soin de faire quelques points devant elle, très lentement pour qu'elle puisse suivre sans peine le mouvement de l'aiguille. Au bout de quelques semaines elle possédera le point.

A six ans, on lui apprend à joindre deux morceaux l'un à l'autre par le point en arrière, puis par un surjet. Pour le raccordement des deux pièces, il faut avoir soin de passer un faux-fil, de manière à maintenir les morceaux à un doigt du bord ; cela facilite l'ouvrage à la petite main encore maladroite. Pour la couture au point en arrière, il faudra que la fillette tâche de suivre le faux-fil, le plus près possible, soit en dessus ou au dessous. Pour le surjet il faudra lui montrer à ne pas piquer l'aiguille profondément dans l'étoffe, de façon à obtenir un point plus petit.

A sept ans ce travail doit être acquis et on commence l'ourlet. Dans l'ourlet comme dans l'assemblage de deux pièces le faux-fil est nécessaire, car l'enfant doit s'habituer dès le début à faire un ouvrage de bonne apparence et régulier, ce qui est de toute nécessité pour lui donner le goût de l'ordre et de l'exactitude.

A huit ans, si la mère y a mis le soin voulu, la petite ouvrière est assez perfectionnée pour s'appliquer à quelque ouvrage facile.

Le tricot est enseigné chaque jour à partir de l'âge de cinq ans. On commence par des tâches très courtes, cinq à dix mailles seulement pour les premiers six mois ; une ou deux de plus chaque jour après cela, jusqu'à ce qu'on soit arrivé à tricoter deux aiguilles.

A neuf ans le plus difficile de l'apprentissage est terminé, et ne pensez pas que ce soit une chose impossible. Ce résultat est obtenu depuis un grand nombre d'années dans les familles où l'on sait s'occuper des petits enfants. A six ans j'aidais à tricoter mes bas et j'y faisais les talons sans l'aide de personne. J'ourlais les tabliers de mes petits frères et j'en étais très fière. Ma mère ne cessait de me dire que je lui rendais un grand service en l'aidant à ces ouvrages, et la pensée de me sentir utile faisait mon bonheur. Cette bonne habitude de se rendre utile devient un besoin avec le temps, et il ne faut pas négliger d'en donner le goût aux enfants, en leur témoignant souvent une vive satisfaction de leur travail.

A dix ans, outre le tricot et la couture, la petite fille, au sortir de l'école, doit prendre part à tous les soins du ménage. Elle doit aider sa mère à la cuisine, à l'entretien des chambres et du linge. La préparation des repas doit lui devenir assez familière pour qu'elle puisse au besoin mettre une soupe ou un légume sur le feu. Elle pourra aider à porter l'eau et le bois, mais dans la proportion de ses forces seulement, car une mère sage et qui aime ses enfants, veille toujours à éviter ce qui pourrait nuire à leur santé.

Ce qu'il faut craindre le plus pour l'enfant, c'est l'habitude de rester au dehors avec des camarades dont le mauvais exemple pourrait détruire le fruit d'une bonne éducation. Les parents devraient toujours choisir eux-mêmes les amis de leurs petits enfants, et les prendre dans les familles voisines où les mêmes principes se trouvent soigneusement observés. Les enfants de braves et honnêtes parents ne sont jamais à craindre, et nous avons en Alsace un petit dicton très ancien et fort vrai qui dit que « la pomme ne tombe pas loin du pommier ».

L'éducation première des garçons se fait comme celle des filles. Il est bon que les fils prennent part aux occupations du ménage, car dans combien de cas, l'homme n'est-il pas obligé de se tirer d'affaire par lui-même ?

Les heures que les fillettes dans le bas âge mettent à la couture, sont employées par les garçons à tracer des lignes et des dessins sur leur ardoise. Exemples :

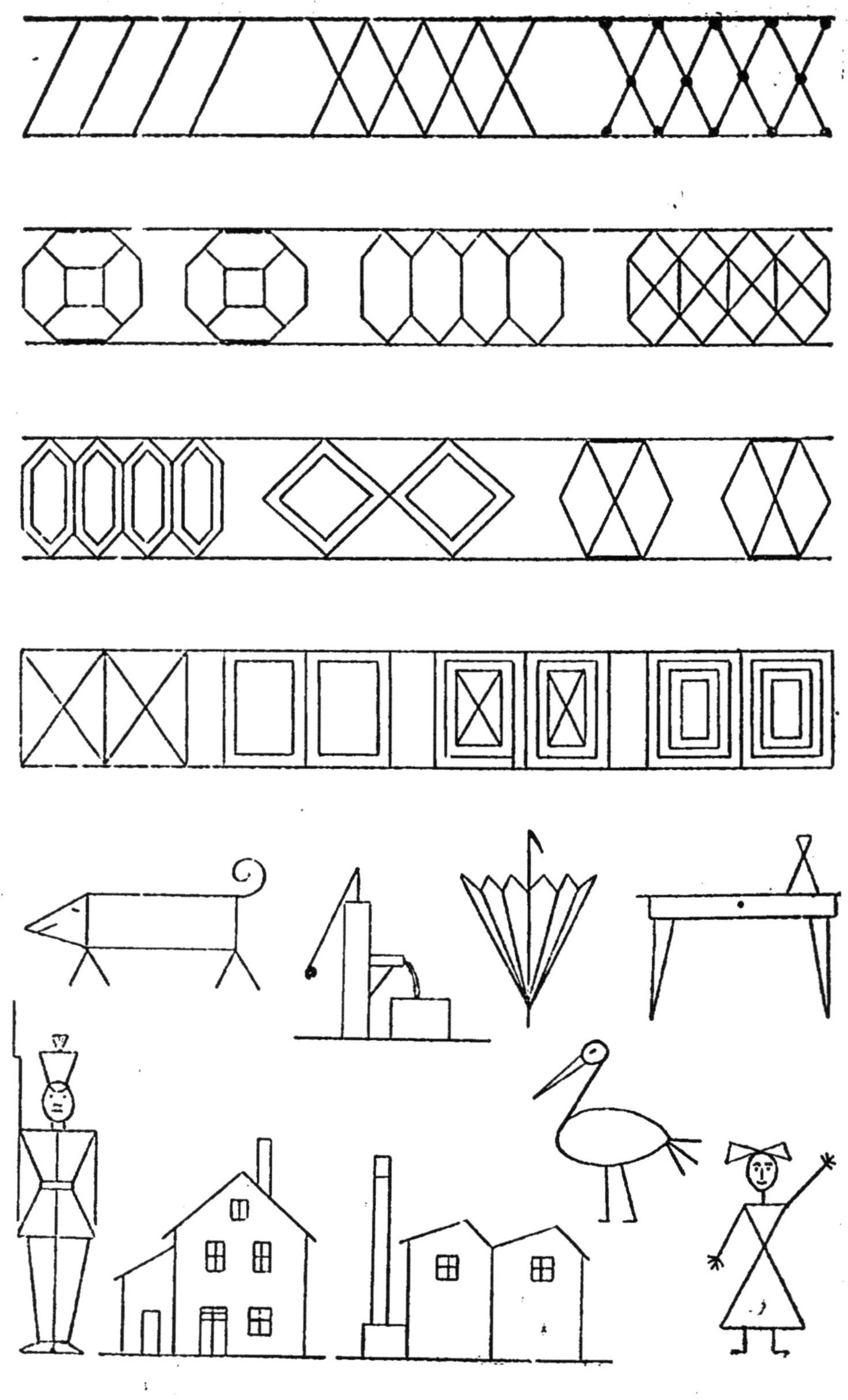

L'habitude de manier le crayon donnera au petit homme une adresse de main qui lui facilitera plus tard l'écriture et le dessin. De plus il se fera un jeu d'inventer de nouvelles formes, ce qui lui sera une occupation utile.

A six ans le petit garçon doit commencer à écrire. On lui trace un A sur son ardoise et il l'imite jusqu'à ce que la lettre soit bien faite ; puis on lui apprend à faire successivement les lettres ayant quelque analogie. A sept ans tout l'alphabet lui sera connu. Alors on lui fera copier du livre, car il aura déjà appris à copier des mots, à mesure qu'il formait les lettres se ressemblant entre elles. Avec tous ces petits travaux, tous ces petits jeux, l'enfant s'habitue à rester à la maison sans en éprouver d'ennui et c'est là le point important à acquérir pour en faire plus tard un honnête homme ou une femme consciencieuse.

La mère qui, pour se procurer plus de repos, envoie ses enfants jouer loin d'elle, se prépare d'amers regrets, car ses enfants, devenus grands, continueront à chercher leur plaisir au dehors, et arriveront ainsi plus facilement à oublier leurs parents, ou même à les abandonner complètement.

CHAPITRE IV

Tenue du ménage

Ce qui importe le plus pour la bonne tenue d'un ménage, c'est de veiller à la *propreté* et à l'*économie*. La propreté entretient la santé, l'économie amène l'aisance. A elles deux elles font le bonheur matériel du ménage. Aussi la mère de famille ne peut-elle assez s'appliquer à l'accomplissement de ces deux observances, dont dépendent l'avenir de son mari, de ses enfants et le sien. Pour ne jamais perdre de vue ce but important, il est nécessaire de se tracer à l'avance l'emploi de son temps, journée par journée, pour ainsi dire heure par heure. C'est le seul moyen de ne rien négliger.

Voici un plan de la répartition des travaux de la semaine, qu'il sera aisé de suivre exactement :

Au lever chaque matin placez le duvet du lit sur deux chaises posées l'une vis-à-vis de l'autre, les sièges se touchant ; mettez le drap de dessus sur le duvet, ainsi que la couverte, s'il y en a une. Ouvrez les fenêtres, laissez la literie à l'air et occupez-vous du déjeûner.

Répartition des travaux de la semaine

Lundi. — Le déjeûner terminé, lavez vite la vaisselle. Empilez le linge à laver dans un baquet d'eau tiède. Prenez chaque pièce l'une après l'autre, frottez-la en tout sens de savon et remettez-la au fond du baquet. Laissez tremper deux heures. Pendant ce temps faites les lits, la chambre, brossez les habits du dimanche, suspendez-les dans l'armoire et cirez les souliers que vous mettrez tout de suite sur leur rayon. Préparez le dîner, auquel il faut penser une heure et demie à l'avance. Après le dîner, lavez la vaisselle et rangez-la. Lavez le linge à l'eau froide et savonnez-le une deuxième fois. Laissez le linge dans le savon et l'eau jusqu'au mardi.

Mardi. — Soignez le déjeûner et les chambres comme il vient d'être dit pour le jour précédent, puis, finissez de laver le linge qui, bien trempé depuis la veille, sera plus facile à rendre propre ; étendez-le pour le faire sécher. Préparez le dîner, lavez et rangez la vaisselle.

En hiver, arrangez-vous à sécher le plus de linge possible autour du poêle. Commencez le repassage. Si le linge n'était pas assez sec, il faudrait le laisser pour le lendemain et s'occuper du raccommodage.

Mercredi. — Commencez la journée par le soin des chambres et du déjeûner, puis surveillez les provisions ; vérifiez les légumes de conserve. Les quartiers de fruits que vous aurez séchés durant la saison et qui doivent être suspendus dans de petits sacs au sec et à l'air. Lavez le dessus des tonnelets de choucroûte et de raves salées. Après le dîner et le lavage de la vaisselle, mettez-vous au repassage, s'il n'a pu être terminé la veille, ou continuez le raccommodage. Faites les provisions de la semaine chez l'épicier. Les emplettes se font le soir, lorsque le jour ne vous permet plus de coudre ou de tricoter ; on économise la lumière. Dans les ménages où il y a des petits enfants, il vaut mieux toutefois que les achats se fassent pendant les heures de salle d'asile, pour éviter de les laisser sans surveillance.

Jeudi. — Commencez la journée comme toujours. La vaisselle du déjeuner lavée et rangée, mettez-vous au raccommodage et préparez le dîner. Hâtez-vous après cela de laver la vaisselle pour reprendre l'ouvrage du matin. Le raccommodage terminé et s'il vous reste un peu de temps avant la nuit, faites de la couture ou du moulinage qui sert à faire des draps plus solides que ceux qui s'achètent dans les magasins. Procurez-vous pour cela des restes de bobines de coton qui ne coûtent pas aussi cher que les bobines entières.

Vendredi. — Mêmes occupations que le jeudi.

Samedi. — Les lits faits, les chambres balayées, récurez le plancher des chambres, de la cuisine, du corridor et l'escalier. Lavez les fenêtres aux heures que vous employez d'habitude pour la couture. Le tricot est réservé aux moments perdus, qui doivent être aussi rares que possible.

Les petites économies

Dans un ménage on ne peut réaliser que des économies si minimes, que bien des femmes pensent qu'il est inutile de s'en préoccuper ; elles ne savent pas qu'au bout de l'année quelques centimes, épargnés de ci de là, peuvent se trouver en assez grand nombre, pour permettre l'achat d'un vêtement ou même d'un meuble. Je connais une vieille bonne qui s'est fait un lit en ramassant les plumes de poules ou de canards qu'elle trouvait sur son chemin. Les duvets fins étaient mis à part dans un petit sac et réservés pour les oreillers. Les plumes plus grossières débarrassées de la côte du milieu et froisées entre les doigts, remplissaient un sac plus grand qui se transforma petit à petit en un bel édredon. En quelques années elle avait amassée par parcelles inappréciables la valeur de 45 francs.

Nota. — Pour la conservation des plumes il est nécessaire de les nettoyer soigneusement, d'en ôter avec les ciseaux la partie dure qui forme comme une petite tige piquante, et de les mettre pendant une journée dans un endroit assez chaud pour que toute bête qui pourrait y rester cachée, soit exterminée. En ôtant la côte du milieu des plumes les plus grosses, il faut faire attention de réserver la pellicule sur laquelle s'insèrent les brindilles de la barde, de façon à ce qu'elles tiennent les unes aux autres ; faute de ce soin, on ne recueillerait que des filaments détachés qui ne garderaient aucune élasticité.

D'autres petites économies peuvent se faire journellement.

Conservez soigneusement les quelques cuillerées de soupe qui reste parfois au fond de la soupière après le repas. Ayez pour cela un pot spécial tenu avec la plus grande propreté. Au bout de deux jours en été, de trois ou quatre jours en hiver, ajoutez à ces restes ce qu'il faut de pommes de terre, de graisse et d'eau, pour en faire la soupe du soir. Ces mélanges différents composent un met excellent que les plus gourmands trouvent à leur goût, car je puis dire que, terminé avec soin, il fait un des potages les meilleurs.

Chaque fois que vous préparez un légume, mettez-en cuire suffisamment pour deux repas. Gardez-en la moitié pour le lendemain, réchauffez-le alors sur un feu très doux. La quantité de charbon ou de bois qu'il vous faudra pour cela sera si petite que vous aurez préparé de la sorte deux dîners avec le même combustible à peu près qu'il vous aurait fallu pour un seul repas.

Conservez les petits restes de légumes, mettez-les de même que les restes de soupe dans un pot spécial. Si au bout de deux jours la quantité n'était pas suffisante pour les servir seuls, ajoutez-y des rouelles de pommes de terre cuite à l'eau de sel. Mélangez-les aux restes de légumes réchauffés déjà ; faites bien le mélange en tournant avec la cuillère de bois; coupez un oignon en petits morceaux hachez-le, faites-le jaunir dans un peu de graisse, versez-le par-dessus le légume, remuez encore un peu et servez. Les restes de pommes de terre préparées la veille peuvent servir pour cela.

Ne jetez pas l'eau dans laquelle les légumes secs ou frais auraient été blanchis, car elle a l'avantage d'être déjà salée, ce qui est une petite économie, et de plus, elle garde une saveur qui en fait un fond de soupe excellent.

Les petits débris qui se trouvent au fond de la marmite où s'est cuit la soupe grasse, parcelles de choux, de carottes, de raves, de verdure, râclures d'os, joints à des pommes de terre en robe de chambre, écrasés et assaisonnés en salade, composent un hors-d'œuvre qui se sert avec le bœuf bouilli.

« L'huile de navette ou de colza » peut remplacer le saindoux et coûte infiniment moins que toute autre graisse. On la rend bonne à cet usage en la préparant comme il est dit au chapitre dixième du livre de cuisine, à la page première.

« Réservez le marc de café. » Versez de l'eau bouillante par-dessus et employez cette eau aromatisée pour le café du lendemain, en diminuant un peu la quantité de café moulu que l'on prend d'ordinaire pour cela.

Ecrêmez le lait avant de le faire bouillir et gardez-en la crème pour la soupe ; elle remplacera une certaine quantité de beurre ou de graisse. On peut garder la crème pendant plusieurs jours, sans qu'elle se gâte, à la condition de la tenir dans un pot soigneusement lavé et essuyé.

Les légumes secs, peu coûteux comme les pois, les lentilles, les haricots, n'occupent plus de nos jours la place qui devrait leur être faite dans la cuisine usuelle. S'ils ne sont pas appréciés à leur juste valeur, c'est que nos ménagères ne mettent pas les soins nécessaires à leur préparation. Cuits d'après nos recettes, ils deviennent un des meilleurs légumes de la cuisine bourgeoise. De plus, nous les recommandons comme très utiles à la santé ; leurs principes fortifiants en font un vrai remède pour les personnes délicates, souffrant de faiblesse ou d'anémie.

Les boulangers donnent six baguettes de pain pour la soupe pour 25 centimes, lorsque pris séparément chaque baguette revient à 5 centimes, il est donc avantageux de les acheter par demi-douzaine, d'autant plus qu'elles se conservent fort longtemps sans se gâter dans un endroit sec, à l'abri de la poussière.

« Le pain noir » est infiniment plus nourrissant que le pain blanc, tout en étant moins cher ; il est recommandé aux malades qui souffrent de pauvreté de sang. Je me suis demandé souvent pourquoi on l'apprécie si médiocrement. Mélangé en très petite quantité aux légumes secs réduits en miettes et grillé, il les allège et leur donne un goût très agréable.

Pour éviter de chauffer le poêle pendant deux ou trois heures, comme il serait nécessaire de le faire pour cuire les repas suffisamment, nous conseillons de préparer à l'avance la soupe du lendemain, et de la mettre sur le feu en même temps que le dîner du jour ; elle sera alors à moitié cuite et ne nécessitera plus qu'une demi-cuisson pour être terminée. Cette méthode a de plus l'avantage de rendre les soupes meilleures.

Les achats, de quelque sorte qu'ils soient, doivent se payer au comptant. On réalise ainsi une forte économie, car tout est coté moins cher à ceux qui payent régulièrement, et de plus on évite ainsi les erreurs qui se glissent aisément dans les carnets arriérés.

L'éclairage

L'éclairage au pétrole est parfait comme qualité de lumière, et comme économie il n'a pas son pareil. Mais il faut l'employer avec prudence, car il donne facilement lieu à de graves accidents. Pour éviter cet inconvénient, il est nécessaire de préparer les lampes le matin au grand jour. Coupez la mèche au ras du noir et remplissez le réservoir de façon à n'avoir plus à y toucher qu'au moment de l'allumer. Pour éteindre la lampe il est urgent de souffler la flamme avant de descendre la mèche.

Le chauffage

Le chauffage au coke est préférable à tout autre pour la commodité et pour l'économie. Il donne plus de chaleur que le bois et n'a pas l'intensité du feu de houille qui présente de graves inconvénients à la cuisine. L'allumage se fait par un petit feu de bois sur lequel on étale du menu coke en assez petite quantité, pour qu'il n'étouffe pas la flamme. La flambée bien établie, prenez des cendres de coke (la cendre de bois se réservant pour les lessives), mélangez-y de la poussière de coke restée au fond de la caisse ; arrosez d'un peu d'eau pour en faire une pâte très épaisse et étalez-la sur le feu ; vous obtiendrez alors une chaleur égale et de très longue durée, pour peu que vous preniez le soin de gratter le dessous du feu à travers la grille de temps à autre avec le crochet de fer, ce qui ménage le passage de l'air.

Si vous ne pouvez acheter un poêle à grille et que vous soyez obligée d'employer un ancien poêle à bois procédez de la sorte : Prenez de la sciure de bois, mélangez-y de la cendre et de la poussière de houille ; ajoutez de l'eau pour en faire un enduit épais et mettez cette préparation sur les bûches. Vous en obtiendrez un bon résultat.

Le savon

Le savon doit être tenu dans un endroit sec et chaud. Il est bon de l'acheter plusieurs semaines à l'avance, pour les lessives surtout ; car un savon bien sec se fond moins vite et fait deux fois plus d'emploi qu'un savon frais et mou.

Je terminerai en mettant les jeunes femmes en garde contre le manque de tête et l'étourderie ; deux défauts qui amènent d'irréparables déficits dans le budget de la semaine : du linge roussi au fourneau, une déchirure irréparable et qu'on aurait pu raccommoder, quand elle n'était que minime, soupe et légumes brûlés, faute d'attention, provisions perdues pour manque de surveillance ; choses qui, tout compte fait au bout de l'année, peuvent représenter une somme très importante.

Les lessives

Préparation de l'eau de cendres

L'eau de cendres mélangée à l'eau de savon est d'un emploi économique ; elle rend le linge blanc et facilite les lessives.

Mettez une grosse toile au-dessus d'un baquet, placez-y les cendres, versez-y de l'eau bouillante de manière à ce qu'après avoir mouillé les cendres elle se tamise à travers la toile. L'eau doit être maintenue bouillante et versée en plusieurs fois par petites quantités jusqu'à ce que le baquet soit rempli. Placez alors la toile contenant les cendres sur un autre baquet. Faites bouillir l'eau cendrée que vous venez de préparer, versez-la de nouveau sur les mêmes cendres par petite quantité comme la première fois. Il faut éviter de faire cette eau trop forte ; elle brûlerait le linge. On ne peut pas l'employer pour les tissus de couleurs qui en sortiraient déteints.

Ayez soin de placer le linge à l'eau cendrée de façon à ce que celle-ci la dépasse de trois ou quatre doigts, car chaque partie d'étoffe sortant de l'eau pendant cette opération serait brûlée ou affaiblie tout au moins d'une façon regrettable.

Manière de lessiver le linge

Mettez le linge dans un baquet d'eau tiède trempez-le à fond. Prenez chaque pièce une à une, étalez-la sur la planchette et frottez-la de savon. Remettez-la dans le baquet après l'avoir roulée sur elle-même. Quand toutes les pièces sont savonnées, laissez-les reposer dans le baquet avec l'eau pendant deux heures au moins, comme il est dit pour le savonnage du lundi.

Frottez à nouveau avec les mains pour enlever le plus fort de la salissure et replacez le linge ainsi dégrossi dans un baquet. Versez-y de l'eau de savon bouillante mélangée d'eau de cendres, de manière à ce qu'elle recouvre le linge complètement ; laissez reposer pendant une demi-heure. Reprenez cette eau avec un puisoir et faites-la bouillir, versez-la sur le linge. Laissez encore reposer pendant une demi-heure ; faites trois de ces coulées. Laissez le linge tremper jusqu'à ce que vous ayez le temps de le rincer. Opérez le rinçage avec le plus grand soin, pièce par pièce, et si possible à l'eau courante ou dans un baquet rempli d'eau froide, qu'il faudra renouveler souvent.

Préparez le bleu dans un baquet d'eau froide ; mettez trés peu de couleur, le linge en sera plus beau. Remuez pour égaliser la teinte, puis passez-y le linge, pièce par pièce. En été si vous pouvez laver en plein air, étendez le linge couvert de savon au grand soleil, pendant une heure ou deux ; vous obtiendrez ainsi des lessives d'une blancheur superbe, pour peu que vous le rincez soigneusement. Séchez autant que possible au dehors.

Amidonnage

Mettez une poignée d'amidon dans une terrine avec un peu d'eau froide. Délayez-le pour faire fondre les grumeaux. Versez deux litres bien mesurés d'eau bouillante par-dessus en remuant vivement. Mettez le linge dans l'amidon, puis essorez-le sans le tordre. Détendez le linge en le secouant et suspendez-le pour le faire sécher. On amidonne le linge après l'avoir passé au bleu.

Repassage

La veille du jour où le repassage doit être fait, on humecte la lessive en trempant ses doigts dans l'eau, et en les secouant au-dessus du linge étalé devant soi sur la table. On roule la pièce humectée sur elle-même, et on la dépose dans un panier. Les mouchoirs se roulent 6 par 6, les tabliers 3 par 3. L'humectage terminé, recouvrez le panier d'un linge, afin que l'humidité s'y maintienne jusqu'au moment du repassage.

Il est urgent d'essayer chaque fer sur un morceau de chiffon avant de s'en servir, pour s'assurer de la chaleur, qui, trop forte, brûlerait irrémédiablement la pièce repassée.

MODÈLE

D'UN LIVRE DE COMPTES POUR LE MÉNAGE

JANVIER 1889

Recettes

	Fr. C.
Paye de la quinzaine	32.50
Journées de la femme	.....

Dépenses

		Fr. C.
1.	Loyer	7.50
1.	Epicerie	....
1.	Boulanger	....
1.	Boucher	....
5.	Pommes de terre	1.—
5.	Cretonne pour chemises	1.10
10.	Bois, charbon	3.75
15.	Une chaise	2.50
20.	Economies mises à la Caisse d'épargne	1.25

DEUXIÈME PARTIE

LIVRE DE CUISINE

CHAPITRE Ier

Soupes servant de repas complets

1° Les prix sont marqués en francs et centimes.
2° Toutes les recettes de ce livre sont calculées pour deux grandes personnes et quatre enfants.

La manière d'apprêter les repas tient une place importante dans les soins du ménage, car la bonne entente de la cuisine influe beaucoup sur l'état de santé de la famille. Des soupes, des légumes insuffisamment bouillis, peuvent amener une mauvaise indisposition, qui, à la longue, devient une maladie. Une cuisine faite avec soin est non seulement plus agréable, mais elle est un aide puissant pour l'entretien des forces et de la santé.

Nous recommandons de cuire toutes les soupes, ainsi que les légumes très lentement et longuement sur un feu doux. Un dîner fait à la hâte sur une flamme attisée outre mesure pour rattraper un temps perdu, ne saurait être ni bon ni sain. Les soupes perdent leur saveur et se réduisent dans une proportion si grande par une cuisson trop rapide, que l'économie seule exigerait qu'on y veillât de plus près.

Des recherches consciencieuses sur la manière de faire une cuisine économique nous ont amenés à préférer le lard à toute autre graisse. Grillé, le lard a un goût fort agréable, que n'ont pas les graisses très chères achetées chez les épiciers, et il offre le grand avantage de ne pouvoir se falsifier. De plus, il remplace souvent une tranche de viande, tout en suffisant largement à graisser un légume ou une soupe.

La recette de la graisse que nous employons pour nos menus se trouve au chapitre onze de ce petit livre.

Les proportions de nos repas sont calculées pour six personnes. Nous conseillons de les garder pour une famille moins nombreuse et d'en conserver la moitié pour le lendemain, s'ils devaient être servis à trois personnes seulement, ou d'en réserver le tiers, s'il y a quatre personnes à nourrir.

Soupe aux navets et aux pommes de terre

Mesurée comme toutes les soupes suivantes pour six personnes.

Navets	Fr. 0.05
3 livres de pommes de terre	0.15
Pain	0.10
½ livre de lard	0.45
	Fr. 0.75

Mettez 6 litres d'eau à la marmite avec du sel et une petite pincée de poivre. Ajoutez-y les navets, les pommes de terre et le pain, coupés en petits morceaux. Laissez cuire sur un feu doux. Coupez le lard en carrelets, faites-le jaunir à la casserole pendant 5 ou 6 minutes, pour en développer le parfum et en tirer une partie de la graisse. Versez ces petits morceaux, avec la graisse qui en est découlée, dans la soupe et laissez cuire deux heures au moins, en ayant soin de remuer de temps en temps avec la cuillère de bois et en veillant à ce qu'elle ne brûle point.

Soupe aux pommes de terre

4 livres de pommes de terre..........	Fr. 0.20
Pain..................................	0.15
1/4 de livre de graisse................	0.20
Oignon................................	0.05
	Fr. 0.60

Après avoir pelé et coupé les pommes de terre, lavez-les à l'eau froide; puis mettez-les à la marmite avec 6 litres d'eau et du sel. Laissez-les cuire pendant une heure ; hachez l'oignon, faites-le jaunir à la casserole dans la graisse, versez le tout dans la soupe, ajoutez le pain coupé en petits morceaux et laissez cuire encore pendant une heure. Si cette soupe vous semblait trop épaisse, ajoutez-y de l'eau chaude à votre guise et laissez-la cuire encore un quart d'heure avant de la servir.

Soupe aux haricots blancs

1 1/2 livre de haricots blancs.........	Fr. 0.35
1/2 livre de lard......................	0.45
Choux et poireaux.....................	0.05
	Fr. 0.85

Triez les haricots blancs, mettez-les à l'eau froide la veille du jour où vous voudrez les cuire. Coupez le lard en morceaux, mettez-le à la marmite et laissez le jaunir pendant un instant; versez un litre d'eau froide par-dessus, peu à peu par pochon, retirez du feu, ajoutez-y le choux et le poireau coupés fin, du sel, les haricots et 5 litres d'eau froide. Mettez sur le feu et laissez cuire pendant 3 à 4 heures.

Soupe aux pois et au riz

½ livre de pois....................	Fr. 0.15
½ livre de riz....................	0.15
½ livre de lard....................	0.45
Poireaux et persil....................	0.05
	Fr. 0.80

Mettez les pois à l'eau légèrement tiède, la veille du jour où vous voudrez les cuire, après les avoir soigneusement triés. Mettez les pois à la marmite avec 6 litres d'eau froide, le riz trié et lavé, du sel et mettez ce mélange sur le feu ; ajoutez-y le poireau et le persil hachés, le lard coupé en petits dés et laissez cuire pendant 3 demi-heures.

Nota. — Pour toutes les soupes qui demandent une aussi longue cuisson, je conseillerais, pour ménager en été le combustible, de les faire cuire à moitié en même temps que le dîner de la veille.

Soupe verte

¼ de livre de graisse ou beurre fondu.	Fr. 0.20
Choux....................	0.10
Salade, poireau, oignon....................	0.10
Persil, cerfeuil....................	0.05
4 livres de pommes de terre et pain....	0.20
	Fr. 0.65

La graisse est plus économique que le beurre fondu.

Voir la recette au chapitre XI.

Épluchez les légumes et les pommes de terre, lavez-les à l'eau fraîche. Hachez-les et mettez-les à la marmite avec la graisse, remuez ce mélange pendant un instant en ayant soin de ne pas le laisser s'attacher à la marmite. Ajoutez 6 litres d'eau, le pain coupé en tranches fines, le sel et laissez cuire pendant 3 heures.

Soupe à l'orge au gras

1 livre de bœuf........................	Fr. 0.60
1 livre d'orge........................	0.25
Chou, verdure........................	0.05
1 livre de pommes de terre...........	0.05
	Fr. 0.95

Mettez le bœuf à la marmite avec 5 litres d'eau chaude, du sel, l'orge triée et lavée, le chou coupé en 4, les pommes de terre coupées en 2 et la verdure ; laissez cuire pendant 3 à 4 heures et servez.

Soupe grasse

1 livre de bœuf........................	Fr. 0.60
Chou, oignon........................	0.05
Persil, poireau........................	0.05
Pommes de terre........................	0.02
Pain en bâton........................	0.15
	Fr. 0.87

Mettez le bœuf à la marmite avec 5 litres d'eau chaude. Ajoutez-y les pommes de terre coupées en 2 morceaux, le chou coupé en 4, le poireau coupé en tranches, l'oignon, le persil et le sel. Laissez cuire très doucement pendant 3 à 4 heures ; coupez la baguette de pain en tranches minces, mettez-les dans la soupière. Retirez les légumes de la marmite avec l'écumoire, mettez-les sur un plat. Versez le bouillon dans la soupière et servez. Posez le bœuf sur le plat où vous avez mis les légumes, et mettez-les sur la table en même temps que la soupe, pour les manger à volonté dans le bouillon ou seuls après, avec le bœuf. La ciboule hachée est fort bonne dans la soupe grasse ; on la met dans la soupière en même temps que le pain.

Nota. — On peut cultiver la ciboule soi-même dans des pots qu'on place sur la fenêtre de la cuisine. On obtient de cette façon, à peu de frais, un excellent condiment qu'on peut utiliser pour beaucoup de mets.

Soupe à l'orge et au riz

1/2 livre d'orge	Fr. 0.15
1/2 » de riz	0.15
1/4 » de lard	0.22
Poireaux et oignon	0.05
Pain	0.10
	Fr. 0.67

Triez le riz et l'orge, mettez-les à la casserole avec 6 litres d'eau froide, du sel, le poireau et l'oignon coupés en 4. Coupez le lard en morceaux, mettez-le à la poêle pour lui faire prendre couleur. Versez-le dans la soupe avec la graisse qui en sera découlée ; mélangez avec la cuillère de bois et laissez cuire pendant 3 heures et demie.

Julienne aux gros légumes

Pain	Fr. 0.10
Lait ou crème	0.10
Pommes de terre	0.10
Choux	0.10
Persil, céleri, oignon, poireau	0.10
Carottes et raves	0.10
Graisse	0.20
	Fr. 0.80

Coupez les légumes en très petits morceaux, lavez-les à l'eau fraiche. Mettez-les à la marmite avec la graisse, tournez vivement avec la cuillère de bois, afin d'éviter qu'ils s'attachent. Ajoutez 6 litres d'eau, du sel et laissez cuire doucement pendant 3 heures en remuant de temps en temps et en surveillant le feu. Versez-y le lait ou la crème, le pain coupé en tranches minces et servez quelques minutes après.

La *même soupe* moins chère en supprimant les 10 cent. de lait ou de crème.

Soupe aux nouilles

Réservez une petite assiettée de nouilles du vendredi.

85 grammes de farine	Fr. 0.05
1 litre de lait	0.20
Pain	0.10
	Fr. 0.35

Mettez le lait à la marmite avec 3 $^1/_2$ litres d'eau et du sel. Prenez un peu de lait froid dans une tasse, délayez-y la farine et versez ce mélange dans la soupe ; ajoutez les nouilles et laissez cuire 1 heure. Coupez le pain en tranches minces, mettez-le au fond de la soupière, versez la soupe bouillante par-dessus et servez.

Soupe d'orge au maigre

1 livre d'orge	Fr. 0.30
1 » de pommes de terre	0.05
Poireaux, verdure	0.05
Un fort $^1/_4$ de livre de graisse ou beurre fondu	0.25
	Fr. 0.65

Mettez 6 litres d'eau à la marmite avec du sel. Ajoutez-y l'orge triée, les poireaux coupés et lavés à l'eau fraîche ; ajoutez-y les pommes de terre lavées et coupées, avec le beurre ou la graisse et laissez cuire pendant 3 heures au moins.

Soupe chartreuse

1/4 de livre de lard	Fr.	0.25
170 grammes de lentilles		0.10
170 » de pois secs		0.10
170 » de haricots blancs		0.10
Poireaux		0.05
Oignon, verdure		0.05
Pain		0.10
	Fr.	0.75

Triez les légumes secs et mettez-les à l'eau tiède la veille du jour où vous voudrez les employez. Mettez 6 litres d'eau froide à la marmite, le sel, les légumes secs, les poireaux bien lavés et coupés en morceaux, l'oignon coupé en 2, le pain coupé en tranches minces. Divisez le lard en 6 morceaux, faites-le roussir à la casserole, puis versez-le dans la soupe avec la graisse qui en aura découlé. Laissez cuire 3 1/2 heures.

Soupe aux pommes de terre et au lait

4 livres de pommes de terre	Fr.	0.20
Pain		0.15
Poireaux		0.05
1/4 de livre de graisse ou beurre fondu.		0.20
Lait		0.10
	Fr.	0.70

Pelez les pommes de terre, coupez-les en tranches minces, lavez-les et mettez-les à la marmite avec du sel, 6 litres d'eau, les poireaux hachés fin, le pain coupé en petites tranches et la graisse. Laissez cuire doucement pendant 1 1/2 heure, ajoutez le lait, laissez cuire encore pendant une demi-heure et servez.

Soupe au riz au gras

1 livre de bœuf	Fr. 0.60
1 » de riz	0.25
Oignon, poireau, verdure	0.05
	Fr. 0.90

Faites bouillir 6 litres d'eau, mettez-y le bœuf, la verdure et le poireau bien lavés, l'oignon coupé en deux, le riz trié et lavé. Laissez cuire pendant 3 heures sur un feu très doux. Le riz s'attachant aisément, il faut y porter grande attention.

Soupe macédoine

180 grammes de riz	Fr. 0.15
Choux	0.10
Raves	0.05
2 livres de pommes de terre	0.10
Un fort 1/4 de graisse ou lard	0.25
	Fr. 0.65

Epluchez les légumes, lavez-les à l'eau froide et hachez fin. Mettez-les à la marmite avec 6 litres d'eau ; ajoutez-y le riz, du sel, la graisse ou le lard coupé en petits morceaux et laissez cuire 2 1/2 heures.

Soupe au riz maigre

1 livre de riz......................	Fr. 0.30
Oignons...........................	0.05
1 litre de lait.......................	0.20
85 grammes de graisse...............	0.15
	Fr. 0.70

Mettez le riz trié et lavé à la marmite avec 5 litres d'eau et du sel ; laissez cuire pendant une heure et demie. Ajoutez le lait, laissez cuire encore pendant une demi-heure sur un feu très doux. Faites jaunir l'oignon haché dans la graisse, versez-le dans la soupe, remuez bien et servez.

Soupe aux choux

Choux.............................	Fr. 0.10
1/2 livre de lard......................	0.45
Persil, oignon, poireaux..............	0.05
Pain...............................	0.10
	Fr. 0.70

Hachez les choux, lavez-les à l'eau froide. Coupez le lard en petits morceaux, mettez-le à la marmite avec deux tasses d'eau chaude ; laissez-le bouillir pendant 10 minutes, ajoutez-y les choux, la verdure et l'oignon coupé en deux. Tournez vivement avec la cuillère de bois pour éviter que ce mélange brûle. Ajoutez 5 litres d'eau, le sel, le pain coupé en petites tranches et laissez cuire pendant 3 heures.

Nota. — Cette soupe devient meilleure encore avec un morceau de lard un peu plus gros ; c'est à la femme de ménage de savoir si son budget lui permet de faire cette dépense en plus.

Soupe à la farine

315 grammes de farine................	Fr. 0.20
70 » de graisse..............	0.15
Pain................................	0.10
1 litre de lait.........................	0.20
	Fr. 0.65

Mettez la graisse et la farine en même temps à la marmite ; remuez rapidement sur un feu vif, jusqu'à ce que la farine ait pris une teinte brune foncée. Evitez avec soin que quelques parcelles de cette farine s'attache à la marmite, ce qui mettrait des grumeaux noirs dans la soupe. Ajoutez peu à peu en remuant toujours 5 litres d'eau et du sel ; ajoutez les tranches de pain, laissez cuire pendant trois quarts d'heure ; ajoutez le lait et laissez cuire encore un quart d'heure.

Soupe à l'oignon

Oignons..............................	Fr. 0.15
Pain................................	0.20
1/2 litre de lait......................	0.10
Farine...............................	0.01
100 grammes de graisse..............	0.20
	Fr. 0.66

Pelez les oignons, hachez-les, mettez-les jaunir à la marmite avec la graisse ; remuez bien pendant quelques minutes, ajoutez la farine, remuez encore vivement pendant une ou deux minutes. Ajoutez 5 litres d'eau, le pain coupé en tranches minces, du sel, et laissez cuire pendant 1 heure 3/4. Ajoutez le lait, laissez encore cuire pendant un quart d'heure, et servez.

Soupe à la semoule grillée

330 grammes de semoule	Fr. 0.20
1/4 de graisse	0.25
Pain	0.10
3/4 de litre de lait	0.15
	Fr. 0.70

Mettez la semoule à la marmite avec la graisse ; remuez vivement avec la cuillère de bois pour la faire brunir, en ayant soin d'éviter qu'elle s'attache. Ajoutez 5 litres d'eau, le pain coupé en tranches minces et le sel nécessaire ; laissez cuire pendant cinq quarts d'heure. Ajoutez le lait, laissez cuire encore pendant un quart d'heure et puis servez.

SOUPES POUR LES TEMPS DIFFICILES

Soupe aux pommes de terre

5 livres de pommes de terre	Fr. 0.25
1/2 litre de lait	0.10
62 grammes de graisse	0.10
	Fr. 0.45

Mettez les pommes de terre coupées et lavées à la marmite avec 6 litres d'eau, du sel et la graisse. Laissez cuire pendant 1 heure, ajoutez le lait, laissez cuire encore pendant un quart d'heure et servez.

Soupe à la semoule

250 grammes de semoule............	Fr. 0.15
Pain	0.10
25 grammes de graisse ou beurre fondu.	0.05
3/4 de litre de lait	0.15
	Fr. 0.45

Mettez la semoule à la marmite avec 4 litres d'eau, du sel, le pain coupé en tranches fines et la graisse. Laissez cuire pendant trois quarts d'heure ; ajoutez le lait et laissez cuire encore pendant 10 minutes.

Soupe à la farine

250 grammes de farine...............	Fr. 0.15
60 » de graisse..............	0.10
Pain	0.10
	Fr. 0.35

Mettez la graisse et la farine sur le feu, remuez vivement avec la cuillère de bois jusqu'à ce que la farine soit d'un brun foncé ; ajoutez peu à peu 4 1/2 litres d'eau, les tranches de pain, le sel et laissez cuire pendant 1 heure.

Panade économique

1/2 litre de lait......................	Fr. 0.10
Pain................................	0.20
25 grammes de graisse...............	0.05
	Fr. 0.35

Mettez le pain roussir sur le fourneau ; cassez-le en petits morceaux, mettez-le dans la graisse et remuez vivement pendant 3 ou 4 minutes. Ajoutez 4 ½ litres d'eau et du sel et laissez cuire pendant trois quarts d'heure. Ajoutez le lait, laissez cuire encore pendant 10 minutes et servez. Ayez soin pendant la cuisson de remuer la panade de temps en temps.

Soupe maigre

65 grammes de beurre fondu ou graisse.	Fr. 0.15
Pain	0.05
250 grammes de semoule.............	0.15
	Fr. 0.35

Faites chauffer le beurre ou la graisse, émiettez-y le pain et laissez-le jaunir. Ajoutez 4 ½ litres d'eau et du sel et laissez cuire pendant un quart d'heure ; remuez pour mélanger le pain à l'eau, puis versez-y la semoule en la prenant dans la main et en la laissant tomber de haut dans la marmite en continuant à remuer. Laissez cuire encore pendant une demi-heure.

Soupe au riz

⅓ de livre de riz	Fr. 0.10
80 grammes de farine...............	0.05
½ litre de lait	0.10
50 grammes de graisse..............	0.10
	Fr. 0.35

Mettez le riz à la casserole avec 4 litres d'eau et la graisse. Laissez cuire pendant une demi-heure en remuant de temps à autre avec la cuillère de bois ; prenez de l'eau de la soupe, mettez-la refroidir dans une tasse, ajoutez la farine en remuant vivement pour en détruire les boulettes et ajoutez ce mélange à la soupe avec du sel et laissez cuire un quart d'heure ; ajoutez le lait et laissez cuire encore un quart d'heure.

Soupe aux haricots de Soissons secs

1 livre de haricots....................	Fr. 0.30
1 livre de pommes de terre...........	0.05
Verdure, poireau, persil...............	0.02
100 grammes de graisse..............	0.20
	Fr. 0.57

Mettez les haricots à l'eau tiède la veille du jour où vous voudrez les faire cuire. Pelez-les en les pensant entre vos doigts au moment de les mettre sur le feu. Mettez à la marmite 1 litre d'eau et du sel, ajoutez les haricots, la verdure et les poireaux hachés fin et laissez cuire pendant 2 heures. Coupez les pommes de terre pelées en rouelles, lavez-les et ajoutez-les aux haricots avec 4 litres d'eau chaude ; remuez bien pour faire le mélange et laissez cuire encore pendant trois quarts d'heure. Emiettez de la mie de pain, faites-la jaunir dans la graisse et versez le tout dans la soupe en tournant vivement.

CHAPITRE II

Légumes servant de repas complets

Portions pour 6 personnes

Choucroûte pour deux repas

Choucroûte	Fr. 0.30
50 grammes de graisse	0.10
$^{3}/_{4}$ de livre de lard	0.70
3 livres de pommes de terre	0.15
	Fr. 1.25

Lavez la choucroûte, mettez-la à la marmite avec $^{1}/_{2}$ litre d'eau froide et la graisse et laissez cuire pendant 1 heure. Placez le lard sur la choucroûte; laissez-le cuire pendant 1 heure, la marmite couverte pendant tout le temps de la cuisson. Laissez cuire, selon votre goût, pendant 2 ou 3 heures et ayez soin de la relever de temps en temps avec la fourchette à deux dents. Gardez la moitié du lard et de la choucroûte pour le lendemain; servez l'autre moitié avec des pommes de terre en robe de chambre.

Raves aigres

Pour deux fois

Raves	Fr. 0.30
50 grammes de graisse	0.10
$^{3}/_{4}$ de livre de lard	0.70
3 livres de pommes de terre	0.15
	Fr. 1.25

Cuisez ces raves comme il est dit pour la choucroûte.

Gros Choux-raves d'hiver

Pour deux fois

Choux-raves	Fr. 0.30
50 grammes de graisse	0.10
3/4 livre de lard	0.70
3 livres de pommes de terre	0.15
	Fr. 1.25

Coupez les choux-raves en tranches fines, mettez-les à la casserole avec la graisse et 1 litre d'eau. Coupez les pommes de terre pelées et lavées en petits dés et ajoutez-les au légume avec le sel ; couvrez et laissez cuire pendant 1 heure en remuant de temps à autre. Ajoutez le lard et laissez cuire encore pendant 1 heure. Réservez la moitié de ce légume pour le lendemain.

Nouilles

1 1/2 livre de farine	Fr. 0.45
4 œufs	0.40
75 grammes de graisse	0.15
	Fr. 1.00

Mettez un peu de farine en réserve sur une assiette, pour en saupoudrer le rouleau et la planche. Déposez le reste de la farine sur la planche, faites un creux au sommet, versez-y un peu d'eau salée à l'avance et que vous placez à côté de vous dans un verre. Pétrissez pendant un moment, versez encore un peu d'eau, pétrissez encore, ajoutez un œuf et travaillez la pâte jusqu'à ce qu'il ait disparu, puis un second œuf et ainsi de suite jusqu'à ce que les 4 œufs soient mélangés à la pâte, qui doit prendre la consistance d'une pâte de pain ou à peu près. — Il faut verser l'eau avec soin pour être sûre de n'en pas mettre trop, car les œufs ramollissent encore la pâte. — Mettez cette pâte en 4 parties égales, que vous roulerez entre vos mains pour leur donner la forme d'un pain au lait. Laissez reposer pendant 1 quart d'heure, saupoudrez la planche et le rouleau de farine. Prenez un des pains de pâte et abaissez-le avec le rouleau pour l'étaler en une nappe ayant l'épaisseur d'un sou, posez sur un linge que vous aurez placé sur la table. Faites de même avec les trois autres pains de pâte qui vous restent. Laissez sécher pendant un moment en ayant soin de ne pas laisser durcir, car vous ne pourriez plus les rouler. Prenez une de ces nappes de pâte, passez par-dessus votre main légèrement trempée de farine, roulez-la aussi serrée que possible sans l'écraser, et coupez-la en tranches fines ; secouez ces lanières pour les dérouler. Faites bouillir de l'eau avec le sel nécessaire, mettez-y cuire la moitié des nouilles, en ayant soin de les secouer vivement pour les détacher les unes des autres avant de les mettre à l'eau ; faute de ce soin elles se mettraient en paquet au fond de la marmite, et se réduiraient en bouillie au lieu de remonter à la surface. Sortez les nouilles de l'eau de sel à mesure qu'elles remontent, en les prenant avec la fourchette à 2 dents et déposez-les dans une terrine d'eau chaude, mais non bouillante. Mettez l'autre moitié des nouilles à la marmite dans la même eau que les premières et faites la même opération qu'avec la première moitié. Sortez les nouilles de la terrine, égouttez-les et déposez sur un plat. Mettez-en une assiettée de côté, pour en faire une soupe le lendemain.

Voyez la recette de la soupe aux nouilles au chapitre 1er du livre de cuisine.

Chauffez bien la graisse, versez-la par-dessus les nouilles et soulevez avec la fourchette pour la faire pénétrer jusqu'au fond du plat. Servez très chaud avec une salade ou une sauce.

Pommes de terre en purée

4 livres de pommes de terre..........	Fr. 0.20
1 litre de lait........................	0.20
40 grammes de beurre...............	0.10
	Fr. 0.50

Pelez les pommes de terre, coupez-les en petits dés, lavez-les et mettez-les à la marmite avec un litre d'eau et du sel. Laissez-les ramollir et écrasez-les avec la cuillère de bois pour les réduire en bouillie. Ajoutez le lait et laissez encore cuire pendant un quart d'heure. On peut placer sur cette purée des saucisses grillées.

Riz en légume

Le riz est un des légumes les plus fortifiants, et le prix en est peu élevé. On devrait l'employer beaucoup dans les ménages où le budget est restreint.

1 livre de riz........................	Fr. 0.30
Oignon..............................	0.05
1/4 de livre de lard..................	0.25
	Fr. 0.60

Mettez le riz trié et lavé à la marmite avec 2 litres d'eau et du sel. Laissez cuire pendant une demi-heure environ, car le riz cuit en légume doit être mou, mais non réduit en bouillie. Hachez l'oignon, coupez le lard en petits dés, et laissez jaunir ensemble à la casserole ; ajoutez-y le riz, en secouant vivement la casserole en tous sens, laissez étouffer pendant quelques minutes avec le couvercle fermé et servez.

Riz au fromage

1 livre de riz........................	Fr. 0.30
Fromage de Gruyère.................	0.25
40 grammes de beurre...............	0.10
Lait.................................	0.10
	Fr. 0.75

Mettez crever le riz à l'eau de sel, goûter pour vous assurer si les grains sont mous ; mettez le lait froid, le beurre et le fromage, râpé à l'avance, dans la casserole, remuez vivement sur la flamme, jusqu'à ce que vous ayez obtenu une espèce de crème, versez-y le riz, remuez bien et servez très chaud.

Légumes au beurre noir

Choux................................	Fr. 0.10
Oignon...............................	0.05
2 livres de pommes de terre..........	0.10
Carottes.............................	0.05
Raves................................	0.10
100 grammes de beurre...............	0.25
	Fr. 0.65

Epluchez les choux, les raves et les carottes, mettez-les cuire dans 5 litres d'eau avec le sel nécessaire pendant 2 heures. Ajoutez-y ensuite les pommes de terre lavées et coupées en morceaux, laissez cuire encore pendant une demi-heure. Mettez un oignon haché roussir dans le beurre, retirez et égouttez les légumes, puis déposez sur un plat.

Versez le beurre bien chaud avec l'oignon sur les légumes, en les soulevant avec la fourchette à 2 dents, afin que le beurre y pénètre de tous côtés. Mettez une demi-cuillerée de vignaire dans la casserole où se trouvait le beurre, laissez-le une seconde sur le feu, et versez-le rapidement sur le légume. Servez.

NOTA. — Conservez l'eau dans laquelle vous aurez cuit ce légume pour en mouiller la soupe du lendemain, elle en sera meilleure.

Pains de semoule

1/2 livre de semoule..................	Fr. 0.15
3 œufs..........................	0.30
	Fr. 0.45

Mettez les jaunes d'œuf dans une terrine ; ajoutez-y la semoule, remuez bien pour faire un mélange parfait, ajoutez le blanc d'œuf battu en neige, mélangez rapidement, mais le moins de temps possible, pour ne pas défaire la neige ; mettez cette pâte cuire par petites cuillerées à l'eau de sel pendant une demi-heure et servez avec de la salade.

Carottes et pommes de terre au lard

4 livres de pommes de terre...........	Fr. 0.20
Carottes.........................	0.20
1/2 livre de lard....................	0.50
	Fr. 0.90

Epluchez les carottes, coupez-les en rouelles fines. Mettez-les cuire dans 2 litres d'eau de sel pendant une heure et quart ; ajoutez après ce temps les pommes de terre coupées en petits morceaux et lavées à l'eau fraîche, puis le lard, coupé en petits dés. Laissez cuire encore pendant trois quarts d'heure en remuant de temps à autre et servez.

Choux verts dits « Kumpisch »

Choux............................	Fr. 0.25
1/2 livre de lard......................	0.45
3 livres de pommes de terre..	0.15
	Fr. 0.85

Cuisez les choux pendant trois quarts d'heure. Sortez-les de la marmite et mettez-les à l'eau froide. Versez 1 litre d'eau dans la casserole, mettez-y bouillir le lard pendant une demi-heure, retirez-le et mettez les choux dans ce bouillon, ajoutez un peu de sel, si cela est nécessaire. Laissez cuire pendant 2 1/2 heures et ajoutez le lard, cuisez encore pendant une demi-heure. Si ce légume devait être trop sec selon votre goût, il faudrait y ajouter un peu d'eau pendant la cuisson. Servez avec des pommes de terre en robe de chambre.

Nouilles aux pommes de terre

1 livre de pommes de terre...........	Fr. 0.05
1 livre de farine......................	0.25
3 œufs............................	0.30
	Fr. 0.60

Faites cuire les pommes de terre en robe de chambre, laissez-les refroidir, pelez et râpez-les. Mettez autant de pommes de terre que de farine et faites la pâte comme pour les nouilles ordinaires et terminez de même.

Pommes de terre et carottes au maigre

3 livres de pommes de terre..........	Fr. 0.15
Carottes..........................	0.15
Farine............................	0.02
77 grammes de beurre fondu.........	0.20
Un oignon et persil................	0.03
	Fr. 0.55

Coupez les carottes en rouelles, après les avoir raclées ; mettez-les à la marmite avec 2 litres d'eau et du sel, laissez cuire pendant trois quarts d'heure. Pelez les pommes de terre, coupez-les en petits morceaux, ajoutez aux carottes.

Réservez un peu de beurre fondu et mettez le reste dans le légume ; couvrez avec le couvercle et laissez cuire pendant une demi-heure, en remuant de temps à autre avec la cuillère de bois, et en surveillant le légume, comme cela doit se faire toujours pour éviter qu'il brûle. Hachez l'oignon, mettez-le jaunir sur le feu avec le beurre que vous avez réservé, puis la farine et le persil haché. Prenez de l'eau dans laquelle cuisent les légumes, mouillez-en l'oignon et la farine en remuant vivement ; ajoutez de cette eau jusqu'à ce que la sauce que vous délayez ait l'épaisseur que vous voulez lui donner. Retirez les carottes et les pommes de terre de l'eau, égouttez-les à mesure avec l'écumoire et versez-les dans la sauce ; laissez cuire pendant quelques minutes et servez.

Pommes de terre retirées

5 livres de pommes de terre..........	Fr. 0.25
60 grammes de beurre fondu ou graisse	0.15
Oignon............................	0.05
	Fr. 0.45

Pelez les pommes de terre, coupez-les en rouelles, lavez-les à l'eau fraiche, mettez-les cuire à la casserole dans de l'eau avec du sel pendant une demi-heure. Retirez-les de l'eau avec l'écumoire, mettez-les sur un plat. Hachez l'oignon à l'avance, faites-le roussir dans le beurre ou la graisse et versez ce mélange sur les pommes de terre. Servez très chaud.

Haricots verts d'été

Haricots	Fr. 0.40
Oignon et persil	0.05
125 grammes de graisse	0.25
Saucisses à griller	0.30
	Fr. 1.00

Mettez cuire les haricots à l'eau de sel, après en avoir coupé les bouts et enlevé les fils. Laissez-les s'amollir de façon à ce qu'ils s'écrasent sous les doigts. Réservez gros comme une noix de graisse et mettez le reste à la casserole avec l'oignon haché fin que vous y ferez jaunir ; ajoutez le persil haché fin également, laissez-l'y revenir pendant un instant seulement, et versez ce mélange très chaud sur les haricots. — Mettez à la casserole le petit morceau de graisse que vous avez réservé, déposez-y la saucisse, laissez-lui prendre couleur, rangez-la sur les haricots, versez la graisse chaude par-dessus et servez.

Pois mange-tout

Pois mange-tout	Fr. 0.40
Un oignon	0.02
100 grammes de graisse	0.20
	Fr. 0.62

Ces pois se préparent comme les haricots verts d'été.

Choux au maigre mélangés de pommes de terre

Choux.............................	Fr. 0.20
Pommes de terre....................	0.15
77 grammes de beurre fondu.........	0.20
Sel, poivre, vignaire..............	0.02
Oignon.............................	0.03
	Fr. 0.60

Coupez les choux en petits morceaux, lavez-les à l'eau froide ; mettez-les à la marmite avec de l'eau de sel, de façon à ce que cette eau dépasse les choux de deux doigts, laissez cuire pendant deux heures. Pelez les pommes de terre, coupez-les en rouelles, mettez-les cuire pendant une bonne demi-heure à l'eau de sel, jusqu'à ce qu'elles soient bien cuites. Prenez une portion de ces pommes de terre, égouttez-les avec l'écumoire, déposez-les sur un plat ; prenez de même une portion de choux, égouttez-les et posez-les sur les pommes de terre, et continuez ainsi jusqu'à quantité suffisante. Mettez l'oignon haché jaunir dans le beurre et versez sur le légume. — Quelques personnes aiment ajouter un peu de vinaigre au légume ; mettez dans ce cas le vinaigre chauffer et versez-le par-dessus les choux ; saupoudrez d'un peu de poivre et servez.

Choux au lard

Choux.............................	Fr. 0.15
3 livres de pommes de terre........	0.15
1/2 livre de lard..................	0.45
Oignon.............................	0.05
	Fr. 0.80

Lavez les choux coupés en petits morceaux à l'eau

froide ; mettez-les cuire avec un demi-litre d'eau, du sel, et laissez cuire 2 heures et demie. Ajoutez le lard, les pommes de terre pelées, lavées et coupées en petits dés ; laissez cuire encore pendant une demi-heure en secouant bien la casserole de temps à autre.

Choux vosgiens

Choux	Fr. 0.15
50 grammes de graisse	0.10
2 livres de pommes de terre	0.10
1/2 livre de lard	0.45
	Fr. 0.80

Mettez le lard et les choux coupés en petits morceaux dans 2 litres d'eau avec du sel, quelques petits légumes de votre jardin, qui pris seuls ne suffiraient pas, soit des carottes, quelques fèves, haricots verts, une poignée ou deux de pois verts, et laissez cuire comme au pot au feu pendant 2 heures. Lavez les pommes de terre coupées en rouelles, faites-les étouffer dans la graisse en ajoutant quelques cuillerées d'eau, couvrez et faites cuire pendant une demi-heure en laissant jaunir le fond. Mettez les pommes de terre sur un plat, la partie jaune en dessus, sortez les choux, égouttez-les, mettez-les par-dessus les pommes de terre et posez le lard dessus.

Boulettes aux pommes de terre

4 livres de pommes de terre	Fr. 0.20
Pain	0.10
3 œufs	0.30
75 grammes de graisse ou beurre fondu	0.15
1/4 de litre de lait	0.05
	Fr. 0.80

Mettez cuire les pommes de terre en robe de chambre, laissez-les refroidir et râpez-les Faites tremper le pain dans le lait, ajoutez-le aux pommes de terre avec un peu de sel et de poivre et remuez vivement ; ajoutez un œuf et remuez encore et ainsi de suite. Faites de cette pâte des boulettes grosse comme une noix et mettez-les cuire à l'eau de sel ; goûtez-les pour vous assurer si la cuisson est suffisante. Mettez ces boulettes sur un plat, faites jaunir l'oignon haché fin dans la graisse et versez sur les boulettes.

LÉGUMES POUR LES TEMPS DIFFICILES

Pommes de terre vinaigrette

5 livres de pommes de terre..........	Fr. 0.25
6 cuillerées huile de colza............	0.06
6 cuillerées d'eau....................	....
2 cuillerées de vinaigre..............	0.02
Sel et poivre.........................	0.01
	Fr. 0.34

Préparez les pommes de terre en robe de chambre et servez-les avec une vinaigrette.

Vinaigrette

Mélangez l'huile, le vinaigre, l'eau, le sel et le poivre ; battez le tout et servez-la en même temps que les pommes de terre.

Carottes mélangées de pommes de terre

4 livres de pommes de terre..........	Fr. 0.20
Carottes..........................	0.10
75 grammes de lard..................	0.15
	Fr. 0.45

Coupez les carottes râclées en tranches minces ; mettez-les cuire à l'eau de sel pendant cinq quarts d'heure. Coupez les pommes de terre pelées et lavées en petits dés et faites-les cuire avec le lard coupé en dés et laissez cuire encore pendant trois quarts d'heure.

Choux mélangés de pommes de terre

Choux..........................	Fr. 0.10
3 livres de pommes de terre..........	0.15
75 grammes de lard..................	0.15
	Fr. 0.40

Mettez les choux coupés à l'eau fraiche. Faites bouillir le lard pendant un quart d'heure dans 1 litre d'eau, retirez le lard, ajoutez un peu de sel et mettez dans ce bouillon les choux retirés de l'eau froide ; laissez cuire pendant une heure et demie ; ajoutez ensuite les pommes de terre coupées en rouelles et le lard coupé aussi en petits morceaux, remuez bien et laissez cuire encore pendant une demi-heure.

Riz en légume

1 livre de riz......................	Fr. 0.25
60 grammes de beurre fondu.........	0.15
Un oignon	0.02
	Fr. 0.42

Faites crever le riz à l'eau de sel, jusqu'à ce que les grains soient tendres, mais sans les laisser se mettre en bouillie. Faites jaunir l'oignon haché dans le beurre et versez-le sur le riz.

Manière de préparer les pommes de terre en robe de chambre

Mettez les pommes de terre dans un peu d'eau bouillante, couvrez et laissez cuire, pendant 35 minutes en automne et 45 à 50 minutes au printemps. Pour que ce genre de pommes de terre soit bon, il faut qu'elles soient cuites à la vapeur et non à l'eau, c'est pour cela qu'il faut employer le moins d'eau possible.

CHAPITRE III

Soupers

Recettes mesurées pour 6 personnes

Café au lait

Café	Fr. 0.15
1 1/2 litre de lait	0.30
	Fr. 0.45

Prenez pour faire le café de l'eau que vous aurez fait bouillir sur le marc de la veille. Le café est tout à fait recommandable pour les repas du soir ; c'est un souper léger et nourrissant, grâce au lait qui l'accompagne.

Pommes de terre en robe de chambre et lait

4 litres de pommes de terre	Fr. 0.20
1 1/2 litre de lait	0.30
	Fr. 0.50

Ces pommes de terre seront servies avec du lait froid ou chaud, selon le goût et la saison.

Soupe au lait

1 litre de lait	Fr. 0.20
Pain	0.15
	Fr. 0.35

Mettez à la casserole le lait avec autant d'eau — selon votre goût un peu de sel ou du sucre — faites bouillir ce mélange ; coupez le pain en tranches fines et faites-les jaunir sur le fourneau. Mettez-les au fond de la soupière, versez le lait dessus et couvrez un moment avant de servir.

Panade

Voyez pour la recette au chapitre des soupes.

Bouillie de farine de maïs

1 livre de farine de maïs............	Fr. 0.20
1 litre de lait.....................	0.20
	Fr. 0.40

Faites cuire le maïs dans l'eau avec du sel pendant 1 heure, jusqu'à ce qu'il forme une bouillie épaisse. Servez cette bouillie avec du lait chaud ou froid selon votre goût. On verse 3 ou 4 cuillerées de lait sur chaque portion de bouillie, et le mélange en est très bon. Le lait froid non cuit est meilleur pour cela.

Bouillie de farine

1 livre de farine..................	Fr. 0.30
1 litre de lait....................	0.20
Sucre..............................	0.05
	Fr. 0.55

Délayez la farine dans le lait froid, mettez ce mélange sur le feu avec le sucre et 3 litres d'eau. Remuez jusqu'à ce que la bouillie jette un premier bouillon. Laissez cuire doucement pendant 1 heure et servez.

Bouillie à la semoule

1 livre de semoule	Fr.	0.30
1 litre de lait		0.20
	Fr.	0.50

Mettez le lait à la casserole avec 3 litres d'eau. Quand ce mélange commencera à bouillir, vous y laisserez tomber la semoule de haut et remuerez vivement avec la cuillère de bois ; ajoutez un peu de sel et laissez cuire pendant 1 heure sur un feu doux.

Orge villageoise

½ livre de farine	Fr.	0.15
1 litre de lait		0.20
1 œuf		0.10
	Fr.	0.45

Cassez l'œuf dans la farine et passez ce mélange entre vos doigts jusqu'à ce que vous l'ayez réduit en grumeaux de la grosseur d'un petit grain d'orge. Mettez le lait et l'eau sur le feu avec du sel. Faites bouillir. Laissez-y tomber de haut l'orge villageoise que vous avez préparée. Laissez cuire pendant trois quarts d'heure et servez.

Salade de lentilles

1 livre de lentilles	Fr.	0.25
Betteraves rouges		0.05
Huile et vinaigre		0.10
	Fr.	0.40

Mettez les lentilles à l'eau tiède, mais « non chaude » le matin de bonne heure. Versez cette eau ; mettez les lentilles à la marmite avec 2 ½ litres d'eau froide, salez et laissez bouillir jusqu'à ce qu'elles soient molles, à peu près 2 ¼ heures à 2 ½ ; évitez cependant de les laisser se réduire en bouillie, car, pour la salade, les lentilles doivent rester entières. Sortez les lentilles, ajoutez-y des betteraves rouges hachées. (Voir betteraves, chapitre X). Assaisonnez comme une salade et servez un peu plus chaud que tiède.— On peut manger avec cette salade des pommes de terre en robe de chambre.

Pommes de terre en vinaigrette

4 livres de pommes de terre..........	Fr. 0.20
6 cuillerées d'huile.................	0.06
6 » d'eau......................	....
2 » de vinaigre.............	0.02
Sel et poivre........................	0.01
	Fr. 0.29

Mélangez l'huile, le vinaigre, le sel et le poivre avec l'eau indiquée et servez avec des pommes de terre en robe de chambre.

Vinaigrette plus chère

Mélangez 6 cuillerées d'huile de colza, 6 cuillerées d'eau, 2 cuillerées de vinaigre ; ajoutez un peu de betteraves hachées, des fines herbes, et remuez bien le tout.

Salade de mufle de bœuf

1 ½ livre de mufle..................	Fr. 0.45
Oignon et sel.......................	0.02
2 cuillerées de vinaigre..............	0.01
5 cuillerées d'huile de colza..........	0.05
	Fr. 0.53

Le mufle s'achète déjà bouilli chez le boucher. Coupez le mufle en petites tranches très minces ; assaisonnez comme une salade, mais plusieurs heures avant de le servir ; ajoutez-y l'oignon haché fin et cru.

Tripes en salade

1 $^{1}/_{2}$ livre de tripes....................	Fr. 0.45
Oignon et sel..........................	0.02
2 cuillerées de vinaigre..............	0.01
4 » d'huile de colza...........	0.04
	Fr. 0.52

Les tripes s'achètent bouillies chez le boucher. Il est bon cependant de les faire bouillir encore pendant 1 heure à l'eau salée. Préparez ensuite comme le mufle.

Mendiant

1 litre de lait..........................	Fr. 0.20
Pain	0.15
3 œufs...... :........................	0.30
Sucre..................................	0.10
	Fr. 0.75

Mettez bouillir le lait, ajoutez le pain coupé en petites tranches, remuez bien pour en faire une bouillie épaisse. Otez la casserole du feu et laissez refroidir pendant un moment. Ajoutez l'un après l'autre les jaunes d'œuf en remuant vivement ; ajoutez le sucre ou si vous préférez du sel ; battez le blanc en neige, ajoutez-le à la bouillie et faites le mélange aussi rapidement que possible pour ne pas détruire la neige. Versez le tout dans un plat de terre allant au feu, couvrez avec un couvercle bien chauffé à l'avance et laissez prendre pendant une demi-heure sur le fourneau, mais non sur la flamme.

Mendiant moins cher

Pain	Fr. 0.15
Lait	0.10
2 œufs	0.20
	Fr. 0.45

Mettez sur le feu autant d'eau que de lait, ajoutez-y le pain et un peu de sel, si l'on veut. Remuez bien pour réduire le pain en bouillie. Otez du feu et laissez refroidir pendant un moment et continuez comme pour le précédent.

NOTA. — Pour la recette des soupes, voyez au chapitre des « soupes servant de repas complet ».

Vous trouverez au chapitre X la recette des compotes à servir avec les pommes de terre à l'eau de sel ou en robe de chambre.

CHAPITRE IV

Menus de deux plats pour la saison d'été

Mesurés pour 2 grandes personnes et 4 enfants ou pour 4 grandes personnes

DIMANCHE

Soupe grasse. — Légumes au beurre noir

1 1/2 livre de bœuf....................	Fr. 1...
Pommes de terre, carottes, raves, choux, oignons.................	0.40
100 grammes de beurre ou graisse....	0.20
Pain pour la soupe..................	0.10
	Fr. 1.70

Mettez le bœuf à la marmite avec 4 litres d'eau chaude, les légumes épluchés et lavés; salez et laissez cuire pendant 3 à 4 heures ; faites rissoler les tranches de pain sur le fourneau et mettez-les au fond de la soupière; puis versez le bouillon par-dessus.

Légumes au beurre noir

Posez les légumes de la soupe sur un plat ; faites chauffer le beurre ou la graisse jusqu'à ce qu'il prenne une teinte brun clair, versez sur les légumes ; mettez vite dans la casserole chaude une cuillerée de vinaigre et versez encore sur les légumes. Servez bien chaud en même temps que le bœuf.

LUNDI

Soupe aux choux. — Fromage

Choux	Fr. 0.15
Persil, poireaux, oignons	0.10
Pain	0.10
50 grammes de graisse	0.10
Lard	0.20
1 livre de pommes de terre	0.05
Fromage	0.30
	Fr. 1.00

Hachez fin les choux, le persil, les poireaux et l'oignon ; coupez le lard en petits dés, mettez-le à la marmite avec la graisse et laissez jaunir ; ajoutez-y ensuite les choux et la verdure hachés et remuez vivement pendant quelques minutes. Ajoutez 1 litre d'eau, remuez un peu, couvrez et laissez mijoter pendant un quart d'heure ; ajoutez 3 ½ litres d'eau, du sel et laissez cuire encore pendant 1 ¾ heure. Coupez le pain en tranches minces, que vous faites roussir sur le fourneau. Mettez-le dans la soupière, versez la soupe par-dessus et servez. Après la soupe mettez le fromage sur la table pour compléter votre dîner.

MARDI

Soupe à l'orge. — Légume de raves fraîches

½ livre de bœuf	Fr. 0.30
½ » d'orge	0.15
75 grammes de graisse	0.15
Raves, persil, oignons	0.25
125 grammes de lard	0.25
Pommes de terre	0.20
	Fr. 1.30

Soupe à l'orge

Mettez l'orge triée dans la marmite avec 4 litres d'eau tiède, le bœuf, les poireaux, le persil haché, un oignon, du sel et la graisse. Laissez cuire sur un feu très doux pendant 3 1/2 heures.

Légumes de raves fraîches

Mettez les raves pelées et coupées en petits morceaux à la marmite avec de l'eau et du sel ; laissez-les devenir molles ; coupez le lard en carrelets, mettez-le jaunir à la marmite sur la flamme et ajoutez-y les raves, que vous aurez égouttées à l'avance. Secouez vivement pour bien les mélanger à la graisse chaude découlée du lard ; ajoutez un verre d'eau et laissez cuire pendant une demi-heure en ayant soin de ne pas laisser s'attacher ; vérifiez de temps à autre le légume pour vous assurer de sa bonne consistance ; s'il était trop sec, il faudrait ajouter un peu d'eau pendant la cuisson.

Préparez les pommes de terre en robe de chambre et servez-les en même temps que les raves.

MERCREDI

Soupe verte. — Légume de carottes avec pommes de terre

Pain	Fr. 0.20
77 grammes de beurre	0.20
Salade, 4 ou 5 feuilles d'oseille	0.15
Carottes	0.25
3/4 livre de lard	0.65
	Fr. 1.45

Soupe verte

Mettez griller dans le beurre chaud les petites tranches de pain ; ajoutez-y la salade et l'oseille finement hachées ; remuez vivement sur la flamme pendant 2 ou 3 minutes, ajoutez 4 litres d'eau, salez, et si vous voulez mettez encore un oignon haché. Laissez cuire pendant 2 heures. On peut ajouter quelques cuillerées de lait ce qui la rend meilleure.

Légume de carottes aux pommes de terre

Mettez à la marmite avec 1 litre d'eau et du sel les carottes raclées, lavées et coupées en rouelles fines, et laissez-les devenir tendres ; retirez et égouttez-les. Mettez le lard à la marmite avec un verre d'eau, laissez bouillir pendant 10 minutes, ajoutez les carottes et mélangez en remuant avec la cuillère de bois ; laissez cuire pendant 1 1/2 heure. Ajoutez aux carottes les pommes de terre coupées et lavées, mélangez bien, couvrez et laissez encore cuire pendant une demi-heure. Veillez à ce que ce légume ne s'attache pas et voyez s'il n'est pas nécessaire d'y ajouter un peu d'eau pendant la cuisson.

JEUDI

Soupe au pois verts. — Choux et pommes de terre

Pois verts	Fr. 0.35
Salade, oignon, verdure	0.40
100 grammes de graisse	0.20
Choux	0.15
3 livres de pommes de terre	0.15
Pain	0.40
1/2 livre de lard frais	0.45
	Fr. 1.50

Soupe aux pois verts

Mettez les pois à la marmite avec 3 litres d'eau, du sel, la verdure hachée fin, les tranches de pain, la salade hachée et laissez cuire pendant une demi-heure. Hachez l'oignon, mettez-le jaunir à la casserole avec les trois quarts de la graisse que vous avez préparée. Versez le tout dans la soupe, laissez cuire encore pendant trois quarts d'heure et servez.

Légume : Choux avec pommes de terre

Mettez les choux coupés et lavés sur le feu avec 1 litre d'eau et du sel et laissez bouillir pendant une heure. Sortez les choux de l'eau et égouttez-les. Faites cuire le lard dans un verre d'eau pendant un quart d'heure. Ajoutez-y les choux et laissez cuire encore pendant 1 heure en les remuant de temps en temps pour les empêcher de s'attacher au fond de la marmite ; pelez les pommes de terre, lavez-les et posez-les sur les choux une demi-heure avant de servir, et faites-les cuire en les couvrant.

VENDREDI

Soupe aux prunes. — « Wasserstriwlè »

100 prunes	Fr. 0.25
Sucre	0.15
Canelle	0.05
1 livre de farine	0.30
4 œufs	0.30
1/2 litre de lait	0.10
Pain	0.05
Graisse	0.25
	Fr. 1.45

Soupe aux prunes

Sortez les noyaux des prunes, mettez ces dernières à la

marmite avec 1 $^1/_2$ litre d'eau, le sucre et la canelle et laissez cuire sur un feu doux pendant une heure. Divisez la graisse en 3 morceaux égaux ; prenez un de ces morceaux, mettez-le chauffer à la casserole, coupez le pain en tranches minces et faites-les frire dans la graisse. Versez le pain et la graisse dans les prunes, remuez pendant un instant et servez chaud.

« Wasserstriwlè »

Mettez la farine dans une terrine, délayez-la peu à peu avec le lait en tournant vivement ; ajoutez un œuf, tournez encore ; ajoutez ainsi les 4 œufs, un peu de sel et continuez à remuer, car plus cette pâte est remuée vivement, plus elle s'allège et s'améliore Mettez de l'eau salée à la marmite et faites-la bouillir ; laissez-y tomber la pâte à travers l'entonnoir, par petites portions et retirez de l'eau avec l'écumoire, à mesure qu'elles montent à la surface. Assurez-vous de la cuisson des wasserstriwlè qui ne doivent pas garder le goût de cru, mais qui doivent être cuits de part en part ; déposez-les sur un plat et versez par-dessus les deux morceaux de graisse, que vous aurez fait bien chauffer. Servez en même temps que la soupe aux prunes.

SAMEDI

Soupe aux légumes. — Purée aux pommes de terre et saucisse

Haricots	Fr. 0.15
Carottes jeunes	0.10
Salade verte	0.10
Choux, raves, oignons	0.05
125 grammes de graisse	0.25
Pain	0.10
Saucisses à griller	0.50
Pommes de terre	0.15
Lait	0.10
	Fr. 1.50

Soupe aux légumes

Mettez tous les légumes hachés avec la verdure dans la marmite avec les trois quarts de la graisse, remuez pendant 3 ou 4 minutes, ajoutez 4 litres d'eau, du sel et les tranches de pain et laissez cuire pendant 2 heures et demie.

Purée de pommes de terre

Mettez à la marmite avec 1 litre d'eau et du sel les pommes de terre lavées et coupées en petits dés ; laissez cuire pendant une demi-heure. Versez l'eau, remuez les pommes de terre avec la cuillère de bois pour les réduire en bouillie, ajoutez le lait et remuez encore. Si la purée était trop épaisse, il faudrait y ajouter un peu de lait ou d'eau.

Faites griller les saucisses dans la graisse que vous avez réservée. Mettez la purée de pommes de terre dans un plat, rangez les saucisses au-dessus, versez la graisse par-dessus et servez très chaud.

CHAPITRE V

Menus de deux plats pour la saison d'hiver

DIMANCHE

Soupe au riz gras. — Choux garnis de pommes de terre

1 1/2 livre de bœuf....................	Fr. 1.00
Choux et légumes pour la soupe......	0.25
125 grammes de graisse..............	0.25
3 livres de pommes de terre..........	0.15
1/2 livre de riz......................	0.15
	Fr. 1.80

Soupe au riz

Mettez le riz trié à l'eau froide. Mettez à la marmite 4 litres d'eau, le sel, les légumes et la verdure que l'on met dans une soupe grasse, laissez chauffer cette eau, ajoutez-y le bœuf et le riz et laissez cuire pendant 3 à 4 heures.

Choux

Mettez les choux hachés sur le feu avec un demi-litre d'eau, un oignon haché et le sel. Remuez de temps en temps pour que ce légume ne s'attache pas et laissez cuire ainsi doucement aussi longtemps que la soupe. Faites roussir un oignon haché dans la graisse que vous versez ensuite sur les choux, laissez mijoter encore pendant un quart d'heure et servez avec des pommes de terre en robe de chambre.

Si ces choux paraissaient avoir trop de goût, il faudrait les blanchir pendant un quart d'heure dans l'eau bouillante, avant de les mettre cuire comme il est dit plus haut.

LUNDI

Soupe à la semoule — Raves aigres

125 grammes de semoule	Fr. 0.10
100 » de beurre..............	0.20
Pain pour la soupe.................	0.10
Raves aigres......................	0.25
$^1/_2$ livre de lard.....................	0.45
3 livres de pommes de terre..........	0.15
Graisse............................	0.15
	Fr. 1.40

Soupe : Mettez le beurre à la casserole avec la semoule, mélangez vivement sur la flamme en évitant que la semoule s'attache, jusqu'à ce qu'elle soit d'un brun foncé bien égal. Il faut éviter les points noirs qui s'y forment quelquefois et qui se produisent lorsque le mélange n'est pas remué avec soin. Ajoutez par petites quantités, et en tournant toujours, 4 litres d'eau et le sel nécessaire, puis le pain coupé en tranches minces. Laissez cuire pendant 1 $^1/_2$ heure.

Raves aigres : Lavez les raves aigres à l'eau froide. Faites bouillir le lard dans une petite tasse d'eau pendant 10 minutes, retirez-le et versez dans ce bouillon les raves, que vous secouez dans la marmite pour mélanger au bouillon, couvrez et laissez cuire pendant 1 $^1/_2$ heure, en veillant à ce que ce légume ne s'attache pas. Placez le lard sur les raves, couvrez et laissez cuire encore pendant une demi-heure. Servez avec des pommes de terre en robe de chambre.

MARDI

Soupe au pois secs et au riz — Fromage

1 livre de pois secs....................	Fr. 0.30
1/2 livre de riz..........................	0.15
1/2 » de lard........................	0.45
Fromage...............................	0.40
	Fr. 1.30

Soupe : Triez les pois la veille du jour où vous voudrez les cuire et mettez-les dans l'eau froide pendant la nuit. — Faites gonfler le riz trié dans une tasse d'eau fraîche pendant un quart d'heure. Mettez à la marmite 4 litres d'eau et le sel nécessaire ; ajoutez si vous voulez un oignon et un poireau, versez-y les pois et le riz que vous aurez égouttés un instant à l'avance ; ajoutez à la soupe le lard coupé en morceaux et laissez cuire pendant 3 heures.

Servez le fromage comme second plat.

MERCREDI

Soupe au gruau d'avoine — Choux rouges garnis

Choux..................................	Fr. 0.25
Pommes................................	0.05
125 grammes de graisse.............	0.25
Gruau d'avoine........................	0.15
1/2 litre de lait........................	0.10
Pain.....................................	0.10
1 œuf....................................	0.10
Saucisses..............................	0.40
	Fr. 1.40

Soupe : Divisez la soupe en 3 parties égales et réservez

une des parties pour la soupe. Laissez reposer le gruau dans une tasse d'eau bouillante ; mettez 10 minutes après 3 ½ litres d'eau sur le feu, ajoutez le sel, le gruau et la graisse, remuez vivement pendant un moment ; laissez cuire pendant 2 heures, puis ajoutez les tranches de pain. Versez le lait dans la soupière, battez-y l'œuf, versez-y la soupe et remuez pour opérer le mélange.

Choux rouges : Coupez les choux en tranches fines. Faites chauffer une des deux parties de graisse qui vous reste, versez-y les choux et remuez vivement. Ajoutez une tasse d'eau, le sel. Coupez les pommes pelées en très petits morceaux, ajoutez-les aux choux en remuant vivement et laissez cuire pendant 2 heures, en veillant à ce qu'ils ne s'attachent point.

Saucisses grillées : Mettez la dernière partie de la graisse à la casserole, chauffez-la et faites-y griller les saucisses pendant 10 minutes, en les retournant de temps à autre. Mettez les choux dans un plat, rangez les saucisses au-dessus, versez par-dessus la graisse qui reste dans la casserole et servez très chaud.

JEUDI

Soupe veloutée — Fraise de veau aux pommes de terre

170 grammes de farine	Fr. 0.10
Fraise de veau	0.30
¼ de livre de graisse	0.25
1 œuf	0.10
4 cuillerées de lait	0.03
1 oignon	0.01
4 livres de pommes de terre	0.20
	Fr. 0.99

Soupe veloutée : Mettez à la marmite l'eau dans laquelle vous avez fait bouillir la fraise de veau. Versez un peu de cette eau dans une tasse, laissez-la refroidir, mélangez avec beaucoup de soin une bonne cuillerée de farine dans ce bouillon tiède, de façon à ce que vous ayez une bouillie très fine et sans grumeaux. Versez cette bouillie dans le bouillon de fraise qui bout dans la marmite, en tournant vivement pendant quelques minutes. Laissez cuire pendant 20 minutes. Cassez l'œuf au fond de la soupière, ajoutez-y le lait, remuez pour faire le mélange, versez la soupe sur cette liaison en remuant et servez.

Fraise de veau : Lavez soigneusement la fraise de veau à l'eau froide; laissez-la reposer dans une nouvelle eau pendant 15 minutes, puis mettez la bouillie dans 5 litres d'eau avec le sel nécessaire. Conservez cette eau qui fait un excellent bouillon, pour en apprêter la soupe. Partagez la graisse en deux parties, d'un côté les trois quarts, de l'autre le quart. Mettez l'oignon pelé et haché fin dans le quart de graisse avec une cuillerée de farine, remuez vivement sans laisser brunir ce mélange; ajoutez une tasse du bouillon dans lequel vous avez fait blanchir la fraise. Laissez épaissir cette sauce sur le feu pendant 10 minutes en la remuant de temps à autre. Ajoutez-y la fraise coupée en petits morceaux et laissez cuire pendant une demi-heure. Goûtez pour vous assurer s'il ne manque pas de sel et servez.

Pommes de terre à la française : Pelez les pommes de terre, coupez-les en petits morceaux minces et longs, lavez-les à l'eau fraiche; mettez-les à la marmite avec 1 litre d'eau froide et le sel nécessaire. Faites-les bouillir jusqu'à ce qu'elles soient amollies. Faites chauffer le reste de la graisse, retirez les pommes de terre de l'eau et mettez-les se dorer un peu. Servez avec la fraise de veau.

VENDREDI

Soupe aux pommes de terre — Nouilles en sauce

3 livres de pommes de terre..........	Fr. 0.15
Pain..................................	0.10
150 grammes de graisse..............	0.30
Oignons..............................	0.05
1 livre de farine.....................	0.30
3 œufs................................	0.30
1/4 de litre de lait..................	0.05
Vinaigre	0.01
	Fr. 1.26

Soupe aux pommes de terre : Mettez les pommes de terre coupées en tranches minces à la marmite avec 4 1/2 litres d'eau et le sel nécessaire. Séparez la graisse en 5 parties égales ; mettez 3 de ces parties dans une casserole avec un oignon pelé et haché fin, laissez jaunir en remuant et versez dans la soupe. Mettez les tranches de pain dans la soupe bouillante et laissez cuire pendant une heure et demie, en remuant de temps en temps pour écraser les pommes de terre. Faites attention de ne pas laisser s'attacher, car cette soupe prend facilement le goût de brûlé.

Nouilles : Voyez chapitre II.

Sauce à l'oignon : Mettez les oignons hachés à la casserole avec la partie de graisse qui vous reste, faites jaunir, ajoutez trois quarts de litre d'eau, du sel et laissez cuire pendant 1 heure. Délayez une petite cuillerée de farine dans le lait froid, de façon à ce qu'il ne reste plus de boulette non écrasée. Versez cette bouillie crue dans la sauce, et tournez vivement pendant quelques minutes, jusqu'à ce que le mélange soit en ébullition. Laissez cuire pendant 20 minutes et servez. On peut ajouter quelques gouttes de vinaigre, si on la désire un peu piquante.

SAMEDI

Soupe panade — Riz au fromage

3/4 de livre de riz.	Fr. 0.20
60 grammes de beurre	0.15
Fromage de Gruyère.	0.25
3/4 de litre de lait.	0.15
100 grammes de graisse.	0.20
Pain.	0.20
Oignons	0.05
	Fr. 1.20

Soupe panade : Mettez les tranches de pain dans la graisse avec les oignons hachés fins. Placez ce mélange sur le feu en remuant vivement jusqu'à teinte jaune, sans laisser brunir. Versez peu à peu 4 litres d'eau, en continuant à remuer, ajoutez le sel et laissez cuire doucement sur le coin du fourneau pendant une heure et quart. Ajoutez la moitié du lait et laissez cuire encore pendant 20 minutes.

Riz au fromage : Mettez le riz à l'eau de sel tiède et laissez cuire pendant un quart d'heure. Sortez-le de l'eau, égouttez-le. Mettez à la marmite le beurre, le fromage râpé, le lait qui vous reste et remuez vivement sur la flamme jusqu'à ce que le mélange ait la consistance d'une crème. Versez-y le riz, mettez la marmite sur le fourneau, mais non sur la flamme et laissez cuire doucement 20 à 30 minutes, selon que vous aimez le riz plus ou moins mou ou croquant.

CHAPITRE VI

Viandes et poissons

Pour 6 personnes

Ragoût de foie, poumon et cœur

1 $1/2$ livre de foie	Fr. 0.60
125 grammes de graisse.	0.25
34 » de farine.	0.02
Oignons	0.05
	Fr. 0.92

Coupez le foie, le poumon et le cœur en petites tranches minces. Mettez la graisse à la casserole avec les oignons hachés fins ; laissez chauffer pendant un moment, ajoutez-y la viande et laissez-la se dorer des deux côtés; saupoudrez d'une cuillerée de farine, remuez vivement, évitez les agglomérations de farine Ajoutez un $1/2$ litre d'eau, un peu plus si vous aimez la sauce très liquide, et à volonté un peu de vinaigre. Laissez cuire pendant une demi-heure et servez très chaud.

Veau rôti

1 $1/2$ livre de veau.	Fr. 1.25
80 grammes de saindoux.	0.15
Farine	0.01
Carotte et oignon.	0.10
	Fr. 1.51

Mettez le veau à la casserole avec le saindoux ; faites-le jaunir des deux côtés, saupoudrez d'un peu de farine et retournez le morceau une deuxième fois. Ajoutez l'oignon et les carottes, un verre d'eau, du sel, du poivre et reculez la casserole sur le bord du fourneau pour laisser cuire très doucement pendant une heure et quart. Surveillez la cuisson, et voyez s'il ne faudrait ajouter un peu d'eau.

Foie de veau

1 1/2 livre de foie..................	Fr. 1.15
2 cuillerées de farine...............	0.02
100 grammes de graisse............	0.20
Oignon, persil....................	0.05
	Fr. 1.42

Mettez à la casserole la graisse et la farine et remuez vivement jusqu'à ce que le mélange soit d'un jaune foncé. Ajoutez-y l'oignon et le persil hachés fin, remuez encore pendant un instant, ajoutez le foie coupé en tranches petites et minces, et continuez à remuer jusqu'à ce que les tranches soient légèrement grillées, puis ajoutez-y 2 verres d'eau, du sel et un filet de vinaigre. Laissez cuire doucement pendant un quart d'heure, puis servez.

Rôti de porc

1 1/2 livre de porc..............	Fr. 1.30
Farine..........................	0.01
Oignon, carottes, poireau.........	0.15
	Fr. 1.46

Mettez le morceau de porc à la casserole avec un verre d'eau, 2 ou 3 carottes, un oignon et un poireau coupé en 4, couvrez et laissez bouillir pendant 10 minutes en retournant de temps à autre le rôti. Saupoudrez d'un peu de farine, retournez le morceau, saupoudrez encore et retournez ; ajoutez du poivre et du sel, un second verre d'eau et laissez cuire sous couvercle pendant une heure en vérifiant de temps en temps, et en retournant la viande. On peut y ajouter une livre de pommes de terre coupées en morceaux, qu'on place dans la marmite autour du roti. Après les premières dix minutes de cuisson, ajoutez un peu plus d'eau et laissez cuire sous couvercle pendant une heure, comme il est dit plus haut.

Bœuf rôti

1 ½ livre de bœuf....................	Fr. 0.90
100 grammes de graisse................	0.20
Oignons, fines herbes.................	0.05
Farine................................	0.01
	Fr. 1.16

Ayez soin de choisir le morceau de bœuf d'un rose clair et à graisse blanche ; gardez-le, si cela vous est possible, pendant 2 jours dans un endroit frais et bien aéré. Hachez l'oignon et les fines herbes, mêlez-les à la graisse, et enduisez le quartier de bœuf de cette préparation. Mettez le bœuf ainsi bien frotté de graisse dans la casserole sur un feu vif, en le retournant en tous sens pendant quelques minutes. Saupoudrez légèrement de farine, ajoutez un verre d'eau, du sel et un peu de poivre, couvrez et laissez cuire pendant une demi-heure en retournant de temps en temps. J'ajouterai que le bœuf servi rouge, ou au moins rose, est très fortifiant pour les personnes malades ou faibles de santé.

Veau en fricassée

1 $^1/_2$ livre de poitrine de veau.........	Fr. 1.15
77 grammes beurre..................	0.20
Lait..............................	0.02
1 œuf.............................	0.10
2 cuillerées de farine	0.01
Persil et oignon....................	0.02
	Fr. 1.50

Chauffez le beurre, mettez-y le veau coupé en petites tranches, saupoudrez de farine et remuez pendant quelques minutes; ajoutez l'oignon et le persil hachés fin, tournez encore un peu, ajoutez un demi-litre d'eau, le sel, et laissez mijoter doucement pendant une heure, en ayant soin de retourner les morceaux pour les faire cuire d'une façon égale. Retirez la casserole du feu et laissez reposer pendant 3 minutes. Battez l'œuf et le lait dans une tasse pour bien les mélanger, versez dans la fricassée en tournant vivement pendant une minute ou deux. Servez très chaud.

Gras-double à l'étouffée

1 $^1/_2$ livre de gras-double	Fr. 0.45
60 grammes beurre.	0.15
Persil, oignon	0.03
Farine	0.01
Vinaigre à volonté	0.01
	Fr. 0.65

Achetez le gras-double nettoyé et bouilli chez le boucher ou chez le charcutier. Coupez en tranches de la longueur et de la largeur du petit doigt. Faites chauffer la graisse, ajoutez-y le gras-double, remuez pendant un moment pour le griller légèrement sans le laisser durcir ou brunir, ajoutez l'oignon et le persil hachés fin, un demi verre d'eau, remuez encore, ajoutez le sel, saupoudrez de farine, remuez vivement pendant une minute ou deux, couvrez et laissez cuire pendant 30 à 45 minutes, en ayant soin de remuer de temps à autre pour éviter de brûler.

Si vous aimez la sauce un peu plus relevée, ajoutez le vinaigre ; si vous désirez avoir plus de sauce, ajoutez un peu d'eau et de farine.

Beefsteak

Préparation recommandée aux malades et aux personnes qui ont besoin de se fortifier.

Prenez un morceau de culotte de bœuf grand comme l'intérieur de la main et épais de 2 doigts ou plus petit, si vous le désirez, mais en lui conservant l'épaisseur indiquée. Si possible, pendez cette tranche à l'air pendant 1 jour en été, 2 ou 3 en hiver ; elle en sera plus tendre. Battez le beefsteak des deux cotés, ramenez-le sur lui-même pour qu'il reprenne son épaisseur primitive. Mettez gros comme une petite noix de beurre dans la poêle, laissez-le se chauffer, déposez-y le beefsteak saupoudré de sel, et laissez cuire pendant 3 ou 4 minutes sur la flamme vive, retournez-le, cuisez de même l'autre côté et servez très chaud. Il faut que le milieu du beefsteak reste rouge ou rose tout au moins.

Côtelettes de veau

Pour les malades

Mettez chauffer à la poêle un morceau de beurre gros

comme une noix ; posez-y la côtelette de veau battue des deux côtés et saupoudrée du sel nécessaire, ajoutez un peu de persil haché fin ; faites griller 2 ou 3 minutes un côté, puis l'autre, en ayant soin de ne pas laisser la côtelette s'attacher au fond de la marmite ; ajoutez 4 ou 5 cuillerées d'eau et laissez cuire sur un feu très-doux pendant une demi-heure, avec couvercle dessus, en retournant de temps en temps. Mettez un demi jaune d'œuf dans une tasse chaude, ajoutez une cuillerée de crème ou de lait, mélangez bien, versez le jus de la cotelette dans cette liaison, remuez pour faire lestement le mélange. Mettez la cotelette sur une soucoupe ou assiette chaude, versez ce jus par dessus et servez bien vite pour ne pas laisser refroidir. On peut servir cette côtelette sans l'addition de crème et d'œuf.

Poissons

Stockfisch	Fr. 0.75
100 grammes graisse.	0.20
1/4 de litre lait	0.05
3 livres pommes de terre.	0.15
1 ou 2 oignons.	0.02
	Fr. 1.17

Achetez le stockfisch non dessalé, vous en aurez plus de profit. Battez-le fortement de tous côtés, et laissez-le à l'eau fraiche pendant 4 jours au moins, en changeant l'eau matin et soir. Pour bien opérer le dessalage, il faut une assez grande quantité d'eau ; il faudra donc se servir d'un baquet ou d'une grande terrine.

Mettez le stockfisch à l'eau froide dans la marmite, puis laissez-le cuire jusqu'à ce que cette eau commence à bouillir. Retirez-le du feu dès les premiers bouillons pour éviter qu'il durcisse. Préparez à l'avance les pommes de terre que vous coupez en rouelles; faites-les cuire à l'eau de sel pendant 20 à 25 minutes en automne, une demi-heure au printemps. Égouttez une partie de ces pommes de terre « gardées très chaudes » et déposez-les au fond d'un plat chauffé. Posez par-dessus une couche de stockfisch dont vous aurez ôté la peau et les arêtes; remettez une couche de pommes de terre bien égouttées, puis encore du poisson et ainsi de suite jusqu'au bout. Ayez le lait bouillant à côté de vous sur le fourneau, versez-le sur le plat de stockfisch que vous secouez légèrement avec la fourchette pour faire pénétrer le lait à fond. Laissez jaunir l'oignon, haché à l'avance, dans la graisse chaude, versez par-dessus le stockfisch. Il faut se dépêcher de faire ces différentes opérations pour que ce plat arrive très-chaud sur la table.

Harengs frais en sauce

6 harengs	Fr.	0.60
60 gramme beurre		0.15
Une bonne cuillerée de farine		0.03
Oignon, vinaigre		0.03
	Fr.	0.81

Mettez la farine et le beurre sur le feu, remuez vivement pour faire roussir ce mélange d'une façon bien égale, d'une teinte brun clair; ajoutez l'oignon haché fin, du sel, du poivre, un filet de vinaigre et un demi-litre d'eau; remuez pendant un instant; déposez les harengs soigneusement lavés et nettoyés dans cette sauce et laissez cuire pendant un quart d'heure.

Grenouilles

Les grenouilles sont trop chères pour qu'une femme de ménage économe puisse en acheter; mais comme les jeunes gens se font souvent un plaisir de les pêcher eux-mêmes, le soir, aux lanternes, et que cette pêche est souvent fort productive, en voici le mode de préparation :

Tuez les grenouilles rapidement pour ne pas les faire souffrir ; enlevez-leur la peau, puis coupez-les en deux au-dessus des cuisses ; mettez le haut de côté pour en faire un pot-au-feu. Le bouillon de grenouilles est très-fin et on le recommande aux malades. Il se prépare comme le bouillon de bœuf.

Les cuisses se nouent comme un ruban, en passant les jambes l'une dans l'autre pour faire un nœud simple, puis on les met dégorger à l'eau fraîche. Mettez à la casserole un peu de beurre frais, selon la quantité de grenouilles que vous aurez à cuire. Faites chauffer ce beurre et placez-y les cuisses de grenouilles que vous saupoudrez d'un peu de farine. Remuez vivement, ajoutez de l'eau, du sel, des herbes fines hachées fin, et si vous l'aimez, un peu d'oignon haché très-fin. Laissez cuire sur un feu doux pendant 20 minutes. Mettez dans une soupière un œuf et 4 ou 5 cuillerées de lait, battez cette liaison pour en opérer le mélange. Retirez les grenouilles du feu, laissez-les se refroidir un peu pendant 2 minutes, versez-les dans la soupière où se trouve préparée la liaison ; remuez vivement deux ou trois fois et servez.

Poissons frits

Écaillez le poisson, s'il est à écailles, videz-le, lavez-le à l'eau fraîche, salez-le légèrement, ayez une assiettée de lait à côté de vous. Mettez chauffer la graisse dans la poêle à frire. Trempez un poisson dans le lait, puis dans la farine également des deux côtés; déposez-le dans la graisse très-chaude, faites de même avec les autres poissons que vous déposez, les uns à côté des autres dans la poêle; laissez frire des deux côtés, sans brûler.

La friture doit rester d'un jaune clair.

Harengs salés aux pommes

Mettez les harengs dans l'eau pendant 2 ou 3 jours, en changeant souvent l'eau ; lavez-les soigneusement, coupez-les en petits dés. Pelez une ou deux pommes, coupez-les de même. Assaisonnez le tout comme une salade et servez avec des pommes de terre ou seuls.

CHAPITRE VII

Sauces

Sauce à l'oignon

75 grammes de graisse	Fr.	0.15
Oignons		0.05
1 cuillerée de farine		0.05
1/2 litre de lait		0.10
	Fr.	0.35

Faites jaunir dans la graisse les oignons coupés en tranches minces. Ajoutez 1 litre d'eau, le sel, couvrez et laissez cuire pendant une demi-heure. Prenez une bonne cuillerée de farine, délayez-la dans le lait froid, jusqu'à ce que tout grumeau ait disparu. Versez ce mélange dans la sauce et remuez le tout jusqu'à ébullition. Laissez cuire pendant une demi-heure en surveillant la cuisson de temps à autre.

Ajoutez, si vous voulez, quelques gouttes de vinaigre ; cette sauce peut en hiver remplacer une salade et se servir avec des pommes de terre en robe de chambre.

La quantité d'oignon peut être augmentée selon le goût.

Sauce blanche

60 grammes de beurre.	Fr.	0.15
1 cuillerée de farine		0.05
1/2 litre de lait		0.10
Échalotte		0.05
	Fr.	0.35

Mettez le beurre dans la casserole avec la farine et remuez à froid pour en faire une sorte de pâte. Mettez cette pâte sur le feu et remuez vivement pendant quelques minutes en ayant soin de ne pas la laisser jaunir. Ajoutez un peu d'eau bouillante et remuez jusqu'à ce que le mélange redevienne épais. Remettez un peu d'eau bouillante et remuez encore, et ainsi de suite jusqu'à ce que vous ayez versé un litre et quart d'eau ; ajoutez l'échalotte hachée fin, le sel nécessaire et laissez cuire pendant une demi-heure sur un feu doux. Servez très chaud.

Sauce brune

60 grammes de beurre	Fr.	0.15
2 cuillerées de farine		0.05
Oignons		0.05
Vinaigre		0.02
	Fr.	0.27

Mettez la farine et le beurre dans la casserole, placez-les sur un feu vif et remuez lestement pour faire brunir ce mélange en évitant qu'il s'y forme des parcelles noires. Ajoutez l'oignon, haché fin, remuez pendant 1 ou 2 minutes, puis versez dans ce mélange 1 litre $^{1}/_{2}$ d'eau, du sel, un peu de poivre, le vinaigre ; laissez cuire pendant $^{3}/_{4}$ d'heure en vérifiant la cuisson de temps à autre.

Sauce à l'œuf

50 grammes de beurre	Fr.	0.10
85 grammes de farine		0.05
1 œuf		0.10
Lait		0.02
	Fr.	0.27

Mettez là farine et le beurre sur le feu, remuez jusqu'à ce que ce mélange soit très chaud, mais sans le laisser jaunir ; ajoutez un litre d'eau, remuez vivement pendant quelques minutes, ajoutez le sel nécessaire et laissez cuire pendant une demi-heure, en remuant de temps à autre, comme pour les autres sauces. Mettez dans une tasse 4 cuillerées de lait et un œuf, battez le tout avec une fourchette pour bien opérer le mélange. Retirez la sauce du feu, laissez-la se refroidir pendant 2 minutes ; versez-y le lait et l'œuf, remuez pendant un instant et servez très chaud. — On peut ajouter de l'échalotte hachée, on la met sur le feu en même temps que la farine et le beurre.

Sauce vinaigrette

2 cuillerées de vinaigre	Fr.	0 05
6 » d'huile		0.10
3 » d'eau		
Persil, oignons		0.05
	Fr.	0.18

Mélangez dans une tasse l'huile, le vinaigre, l'eau, le sel et le poivre nécessaires, le persil et l'oignon hachés fin. Battez ce mélange pendant quelques minutes et servez.

Cette sauce est un excellent accompagnement pour les pommes de terre en robe de chambre.

Sauce économique

Oignons	Fr.	0.05
85 grammes de farine		0.05
50 » de graisse		0.10
Persil		0.02
	Fr.	0.22

Mettez la graisse, les oignons et le persil hachés sur le feu, ajoutez la farine et faites jaunir ce mélange en tournant vivement avec la cuillère en bois. Ajoutez un litre d'eau ou un peu plus, si vous le trouvez bon, couvrez et laissez cuire pendant $^3/_4$ d'heure, en vous assurant de temps à autre de la cuisson, en remuant légèrement pendant un instant.

Cette sauce, qui peut se servir avec tous les légumes, est meilleure lorsqu'elle est mouillée avec l'eau provenant de la cuisson de pommes de terre, de choux, de légumes secs ou de raves.

CHAPITRE VIII

Bouillons et potages pour les malades et les petits enfants

Bouillon de bœuf

Mettez une livre de bœuf à la marmite avec 2 1/2 litres d'eau chaude, un peu de sel, deux carottes et quelques branches de persil ; couvrez et laissez cuire pendant 3 1/2 heures sur un feu très doux, pour que le bouillon ne se perde pas en vapeur.

Bouillon de veau

Mettez à la marmite une livre d'os et une demi-livre de veau, avec deux litres d'eau tiède, un peu de sel, deux carottes, quelques branches de persil ; laissez cuire pendant 3 1/2 heures sur un feux doux, couvrez ; le reste comme le bouillon de bœuf.

En été, la laitue n'étant pas chère, je conseillerais d'en ajouter quelques feuilles à ce bouillon.

Potage au bouillon de veau

Pour les petits enfants

Mettez à la marmite une demi-livre d'os de veau, 2 litres d'eau et 2 cuillerées de riz ; couvrez et laissez cuire sur feu doux pendant 3 heures. Passez ce potage à travers un linge pour en écarter les grains et ajoutez un petit morceau de sucre. — Gardez ce bouillon au frais et ne chauffez que la portion à donner en une fois.

Même potage pour les malades

Prenez une livre d'os de veau, que vous mettez à la marmite avec 3 cuillerées de riz, 2 litres d'eau, un peu de sel, une grande carotte et quelques branches de persil. Laissez cuire pendant 3 heures sur un feu très doux. Passez-le à travers un linge à fils assez écartés pour que le mucilage le traverse aisément, mais que les grains de riz s'y trouvent arrêtés. — Gardez ce potage au frais et chauffez seulement la portion nécessaire.

Potage au tapioca

Prenez une assiettée du bouillon de bœuf dont la recette se trouve en tête de ce chapitre. Mettez bouillir cette petite portion à la casserole en ayant soin de ne pas y laisser de parcelles de légumes ou de verdure ayant servi à la préparer. Laissez tomber dans ce bouillon chaud un cuillerée à café de tapioca et laissez cuire pendant 20 minutes, le couvercle dessus.

Potage à la farine d'orge, dite Crème d'orge

Mettez une demi-cuillerée à café de crème d'orge dans une tasse, versez-y 4 ou 5 cuillerées de bouillon froid et remuez jusqu'à ce que la farine soit mélangée au bouillon sans qu'il y reste des petits grumeaux. Remplissez la tasse avec du bouillon froid, remuez un peu, versez ce mélange dans une petite casserole que vous placez sur le feu en remuant jusqu'à ce que ce potage commence à bouillir. Laissez cuire doucement pendant une demi-heure et servez.

Potage au gruau d'avoine

Se prépare comme le précédent.

Potage à la farine de Salep

Se fait également comme les potages ci-dessus.

Potage à la farine de riz, dite Crème de riz

Comme les précédents.

Potage au mucilage d'orge

Mettez à la marmite une demi-livre de bœuf avec un litre et demi d'eau, deux carottes, un peu de sel, quelques branches de persil et une poignée d'orge. Laissez cuire pendant trois heures et demie sur un feu très doux.

Retirez la viande. Passez le bouillon à travers une passoire, de façon à ce que les grains d'orge en soient séparés, gardez ces grains pour les mêler à la soupe des bien-portants. Mettez au frais ce bouillon, laissez-le refroidir complètement jusqu'à ce que la graisse qu'il pourrait contenir vienne à se figer à la surface ; enlevez-la soigneusement avec une cuillère, mettez-la dans votre pot à graisse pour ne pas la laisser se perdre. Prenez la portion de mucilage que vous voulez employer, chauffez-la et donnez-la à l'enfant ou au malade. Laissez le reste au frais pour les fois suivantes.

Panade

Pour une assiettée

Faites griller sur le fourneau deux petites tranches minces de pain, de la dimension de deux doigts. Quand il sera suffisamment jauni, mettez-le dans une casserole avec un morceau de beurre gros comme une grosse noisette. Faites griller le pain dans le beurre sur un feu vif pendant 2 ou 3 minutes. Ajoutez un demi-verre d'eau, laissez mijoter pendant 10 minutes, écrasez bien le pain en remuant avec la cuillère pour la réduire en bouillie. Ajoutez un verre de lait et laissez cuire encore pendant un quart d'heure en remuant de temps à autre.

Panade au bouillon

Se fait comme la précédente, avec cette différence que le verre de lait est remplacé par un verre de bouillon.

Potage velouté

Mettez dans une tasse une petite cuillerée à café de farine, versez-y petit à petit 4 ou 5 cuillerées de bouillon froid en remuant vivement pour éviter les boulettes. Ajoutez une assiettée de bouillon froid, mettez-le sur un feu doux en remuant de temps à autre pendant 20 minutes. Servez.

CHAPITRE IX

Gâteaux et beignets

Gâteau levé aux prunes

1 livre de farine	Fr. 0.30
1 œuf frais	0.10
1/2 litre de lait	0.10
40 grammes de beurre	0.10
Levure de bière	0.05
Une pincée de sel	0.01
Sucre	0.10
	Fr. 0.76

Mettez la farine dans une terrine, faites un creux dans le milieu, cassez-y l'œuf, ajoutez le sel et 3 cuillerées de lait. Faites fondre le beurre doucement sur le bord du fourneau, ajoutez-le à la farine et à l'œuf. Mettez la levure dans une tasse avec 6 cuillerées de lait, délayez soigneusement ce mélange en tournant avec la cuillère de bois, jusqu'à ce qu'il forme une bouillie sans boulettes. Versez cette bouillie dans la farine et remuez vivement ; ajoutez le lait par cuillerées, en continuant à remuer fortement. Il faut que cette pâte soit assez consistante pour qu'on puisse l'abaisser sous le rouleau à pâte ; si elle se trouvait trop liquide, il faudrait ajouter un peu de farine, le moins possible cependant, car l'excès de farine rend la pâte lourde. Saupoudrez la planche d'un peu de farine ainsi que le rouleau. Posez la pâte sur la planche, abaissez-la avec le rouleau à l'épaisseur d'une pièce de deux sous, puis posez-la sur la plaque à gâteaux. Sortez les noyaux des prunes, rangez les fruits sur la pâte, saupoudrez de sucre et laissez reposer dans un endroit tiède pendant 3 heures, puis mettez ce gâteau au four du boulanger, si vous n'avez pas de four chez vous et faites-lui prendre une belle couleur dorée.

Les gâteaux levés aux *cerises* et aux *mirabelles* se font comme le précédent.

Mendiant

Ce plat fait un excellent souper du dimanche.

1 litre de lait	Fr. 0.20
4 œufs	0.40
Pain ou pain au lait	0.10
Sucre	0.10
	Fr. 0.80

Mettez les œufs dans une terrine, battez-les avec le lait et le sucre. Rangez au fond d'un plat en terre les tranches de pain ; versez le lait et les œufs mélangés sur ce pain et mettez le tout sur un feu doux, couvrez et laissez cuire très doucement pendant une demi-heure.

Mendiant aux cerises

2 pains au lait	Fr. 0.10
Sucre	0.10
1/2 litre de lait	0.10
Canelle	0.05
3 œufs	0.30
1 livre de cerises	0.15
	Fr. 0.80

Otez les noyaux des cerises, mettez les cerises dans un demi-litre d'eau, ajoutez-y le sucre et la canelle, faites cuire pendant un quart d'heure. Déposez les tranches minces de pain dans le lait, laissez-les se tremper pendant un moment, sortez-les et rangez-les au fond d'un plat en terre. Mélangez les œufs et le lait en tournant vivement, ajoutez-y les cerises, remuez un peu, versez dans le plat sur les tranches, posez un couvercle dessus et laissez cuire doucement pendant une demi-heure. Servez très chaud.

Gâteau de cerises

1/2 livre de farine.	Fr. 0.15
1/4 de beurre.	0.30
1 livre de cerises	0.15
Sucre.	0.10
	Fr. 0.70

Mettez la farine dans une terrine, ajoutez-y le beurre coupé en petites tranches fort minces, 4 cuillerées d'eau de sel, maniez ce mélange pour en faire une pâte. Si elle devenait trop épaisse, il faudrait y ajouter de l'eau de sel par cuillerées, en pétrissant entre chaque cuillerée, jusqu'à ce qu'elle ait pris la consistance voulue.

Saupoudrez la planche et le rouleau d'un peu de farine et roulez la pâte jusqu'à ce qu'elle soit de l'épaisseur d'un gros sou. Posez-la sur la plaque à gâteaux en relevant les bords en bourrelets. Otez les noyaux des cerises, posez les fruits sur la pâte, saupoudrez de sucre en poudre et faites cuire.

Les gâteaux de *pommes*, de *prunes* et de *mirabelles* se font comme le gâteau aux cerises.

Tranches au vin

3 pains au lait.	Fr. 0.15
40 grammes de beurre.	0.10
1/2 litre de lait.	0.10
1 verre de vin.	0.25
Sucre.	0.15
Canelle.	0.05
	Fr. 0.80

Coupez chaque pain au lait en quatre tranches et faites-les tremper dans le lait. Chauffez le beurre à la casserole, attendez qu'il soit bien chaud. Egouttez les tranches de pain, faites-les frire dans le beurre. Chauffez le vin avec une partie du sucre, écrasez le reste du sucre pour le mélanger à la canelle. Déposez les tranches frites dans un plat, saupoudrez-les de sucre et de canelle, versez le vin bouillant par-dessus et servez chaud.

Beignets aux pommes

6 pommes.	Fr. 0.15
1/2 livre de farine	0.15
1/2 litre de vin blanc.	0.35
Sucre.	0.10
100 grammes de graisse.	0.20
	Fr. 0.95

Pelez les pommes, enlevez la partie dure du milieu avec un couteau pointu, coupez-les en rouelles. Faites une pâte avec le vin et la farine, mélangez-y le sucre, dont vous réservez une partie, que vous écraserez finement pour en saupoudrer les beignets. Trempez les rouelles de pommes dans la pâte, posez-les dans le beurre très chaud, sur le fond de la casserole, les uns à côté des autres, sans les empiler. A mesure que les beignets prennent bonne couleur, retirez-les de la casserole, déposez-les dans un plat, saupoudrez-les de sucre et remettez-en d'autres frire dans le même beurre chaud en les rangeant de même au fond de la casserole.

Pâte brisée pour gâteaux

1 livre de farine	Fr. 0.30
1/2 livre de beurre	0.60
Sel.	0.01
	Fr. 0.91

Pétrissez le beurre à l'eau fraîche entre vos doigts pendant quelques minutes. Mélangez ce beurre lavé à la farine en pétrissant des deux mains, jusqu'à ce que le mélange se mette en miettes. Ramassez ces parcelles en un petit tas, faites un creux au sommet, versez-y un verre d'eau et dépêchez-vous de la mélanger à la pâte. Plus vous aurez opéré vite, plus votre pâte sera bonne. Roulez cette pâte à l'épaisseur d'une pièce de deux sous, mettez-la sur la plaque à gâteaux, piquez-la de distance en distance avec une fourchette pour éviter les boursouflures, qui pourraient se produire pendant la cuisson. Rangez sur la pâte des fruits à votre choix, saupoudrez de sucre et faites cuire au four.

Beignets de fête

1 livre de farine	Fr.	0.30
1 litre de lait		0.20
1/4 de beurre frais		0.30
Huile à frire		0.80
12 œufs		1.20
	Fr.	2.80

Mettez dans du lait chaud le beurre que vous laissez fondre ; ajoutez la farine, tournez très-vivement en tenant la casserole sur la flamme ; travaillez cette pâte avec la cuillère en bois, jusqu'à ce qu'elle se détache de la casserole. Otez-la du feu et continuez à tourner lestement jusqu'à ce que la pâte soit à peu près refroidie. Mettez à l'avance les œufs reposer à l'eau tiède *mais non chaude* et laissez-les se tiédir, puis cassez un de ces œufs dans la pâte, remuez jusqu'à ce qu'il ait disparu, cassez un second œuf et remuez encore comme pour le premier, allez ainsi jusqu'au dernier ; ajoutez du sel ou du sucre à volonté. Prenez 3/4 de litre d'huile de colza préparée comme il est dit au chapitre XI de ce petit livre, mettez-la sur le feu dans une casserole et chauffez-la bien. Prenez une cuillerée de pâte, déposez-la dans l'huile très chaude, puis une autre cuillerée que vous posez à côté de la première, mais sans qu'elles se touchent ; garnissez ainsi tout le fond de la casserole en ayant soin d'espacer les beignets. Retirez la casserole sur le bord du fourneau, arrosez les beignets avec l'huile bouillante que vous prenez dans la casserole avec une cuillère à long manche. Les beignets deviennent ainsi d'une légèreté parfaite. — Continuez ainsi jusqu'à ce que le beignet se retourne de lui-même dans la friture. Laissez-le se jaunir, mais en évitant qu'il brunisse. Mettez-les sur un plat et servez très chaud. — La cuisson des beignets doit se faire lentement.

Le reste de l'huile qui a servi à les frire se met de côté dans un petit pot bien propre et peut s'employer pour une autre friture.

Beignets roulés

2 œufs..............................	Fr.	0.20
Beurre frais, gros comme une noix...		0.05
Sucre..............................		0.10
4 cuillerées de lait..................		0.02
2 bonnes cuillerées de farine.........		0.03
	Fr.	0.40

Mettez la farine sur la planche en un petit tas, faites un creux au sommet, versez-y le lait, les œufs, une petite prise de sel et pétrissez ensuite pour faire une pâte lisse et molle, mais assez consistante pour que vous puissiez l'abaisser sous le rouleau. Mettez-la en une nappe de l'épaisseur d'un gros sou. Coupez en losanges avec le couteau, et faites frire d'une belle couleur dorée dans l'huile de colza. Dressez sur un plat, saupoudrez de sucre et servez chaud ou tiède.

Baba dit « Kouglopf »

1 1/2 livre de farine	Fr.	0.45
1/2 livre de beurre		0.65
Levure de bière		0.15
1/2 litre de lait		0.10
1/2 quart de sucre		0.06
4 œufs		0.40
1 prise de sel		0.01
	Fr.	1.82

Ecrasez la levure et mettez-la dans une terrine avec la farine et une pincée de sel. Faites chauffer le lait en ayant soin de ne pas le laisser bouillir, il ne doit être que fortement tiède ; faites-y fondre le beurre, ajoutez-le à la farine et remuez en battant, comme si vous faisiez une pâte de pain. Déposez à l'avance les œufs dans l'eau tiède, pour ne pas les employer froids, ce qui empêcherait le kouglopf de lever. Cassez un de ces œufs dans la pâte et remuez, jusqu'à ce qu'il ait disparu. Cassez un deuxième œuf et remuez comme la première fois ; puis un troisième en opérant de même, et enfin le quatrième. Remuez bien pendant un moment, puis battez cette pâte avec la main comme font les boulangers, cela pendant 10 minutes. Graissez le moule avec du beurre frais, versez-y la pâte et laissez reposer pendant 3 heures dans un endroit tiède. Cuisez au four.

Brioche Agathe

2 livres de farine	Fr.	0.60
63 grammes de beurre		0.17
63 grammes de sucre		0.09
1 œuf		0.10
1 prise de sel		0.01
Levure		0.10
	Fr.	1.07

Faites tiédir le lait, puis mettez-y le beurre. Laissez reposer pendant quelques minutes. Mettez la farine dans une terrine, écrasez soigneusement la levure entre vos doigts, mélangez-la bien à la farine, puis ajoutez le lait, le beurre, le blanc de l'œuf, le sucre et le sel. Travaillez ce mélange avec les deux mains à la manière des boulangers. Faites ainsi 600 pétrissures, c'est-à-dire : soulevez la pâte et rejetez-la avec force au fond de la terrine 600 fois de suite en se reposant de temps à autres. Mettez la terrine dans un endroit tiède pour faire monter la pâte. Surveillez votre brioche, quand elle sera levée, posez-la sur la plaque à gâteaux en lui donnant la forme d'une brestelle, de petits pains ou d'une miche. Laissez monter la pâte encore une fois sans la déplacer de la plaque. Peignez les brioches en jaune d'œuf et cuisez au four. Si vous n'avez pas de four, portez la pâte chez votre boulanger qui vous la fera cuire sans vous faire payer ce petit service rendu à des clients habituels.

CHAPITRE X

Compotes

En été, les compotes servies avec des pommes de terre composent un excellent souper ; voici comment on les prépare :

Compote de cerises

Mettez les cerises dans la casserole avec un verre d'eau par livre de fruit, du sucre, un peu de canelle, un ou deux clous de girofle, laissez cuire pendant une demi-heure et servez tiède ou froid.

Compote de cerises, dite « soupe aux cerises »

Coupez en tranches minces deux pains au lait de 5 centimes ; grillez ces tranches sur le foyer, posez-les au fond d'un plat ; versez par dessus une compote de cerises préparée comme il est dit en tête de ce chapitre. On peut ajouter à cette soupe quelques cuillerées de vin.

Compote de prunes

Se fait comme la compote de cerises.

Compote de mirabelles

Mettez les mirabelles dans la casserole avec un verre d'eau par livre de fruit, du sucre, et faites cuire pendant une demi-heure, ou un peu plus, selon le goût.

Compote de pommes

Pelez les pommes, enlevez la partie dure du milieu,

coupez-les en morceaux. Mettez-les à la casserole avec un verre d'eau par livre de fruit, du sucre, et laissez cuire jusqu'à ce que les pommes soient assez molles pour s'écraser avec une fourchette. Mettez-les en bouillie, remuez un instant avec la cuillère et servez chaud ou froid, selon votre goût.

Compote de poires

Pelez les poires, mettez-les dans la casserole, ajoutez de l'eau fraiche en suffisance pour qu'elle dépasse les fruits d'un doigt ; ajoutez du sucre et laissez cuire pendant trois quarts d'heure à une heure, selon l'espèce de poires.

On peut préparer les pommes de la même façon.

La soupe aux prunes se fait de même que la soupe aux cerises, mais en retirant les noyaux des fruits.

CHAPITRE XI

Préparation de l'huile de colza, de la graisse et du saindoux

Huile de colza ou de navette

Prenez un gros oignon, coupez-le en deux. Préparez une tranche de pain de l'épaisseur d'un doigt et grande comme la main ; trempez-la d'eau. Jetez ce pain et cet oignon dans l'huile bouillante, retirez-vous vite pour éviter que les éclaboussures vous atteignent. Laissez cuire pendant un moment, puis enlevez la marmite du feu. Attendez que l'huile soit froide, sortez-en le pain et l'oignon, et versez-la dans une bouteille, sur laquelle vous mettrez une étiquette pour éviter de la confondre avec le vinaigre ou le vin. Cette huile vaut 1 fr. 10 le litre, on peut l'employer pour les légumes, les pommes de terre et la salade ; elle est parfaite pour les fritures.

Préparation de la graisse

Vous obtiendrez une graisse très blanche en même temps qu'à fort bon marché, par la recette suivante :

Choisissez chez le boucher deux livres de graisse de bœuf bien fraîche, examinez-la attentivement pour vous assurer qu'elle est de bonne qualité. La graisse de bœuf doit être blanche, celle de teinte parme est de mauvais emploi. Coupez la graisse en petits morceaux, mettez-la sur un feu modéré avec deux verres d'eau et surveillez-la, pour qu'elle ne se brûle pas. Remuez de temps à autre avec la cuillère de bois. Lorsque vous verrez les morceaux prendre un aspect sec et serré, retirez la casserole du feu, versez la graisse dans un pot en grès, à travers la passoire et remuez avec la cuillère de bois jusqu'à ce qu'elle soit froide. Vous

vous servirez des grumeaux restés dans la passoire pour graisser un légume de choux.

Graisse de ménage

Prenez une livre de saindoux.........	1.10
Une livre de graisse de bœuf.........	0.60
Fr. (le kilo)	1.70

Coupez la graisse et le saindoux en petits morceaux. Mettez-les dans la marmite avec une tasse d'eau et terminez comme il est dit plus bas pour la préparation du saindoux.

Cette graisse est excellente pour les légumes et les fritures, elle a de plus l'avantage d'être infiniment plus économique que le beurre fondu et la graisse de ménage qui s'achètent chez les épiciers à 2 fr. 50 et 2 fr. 80 le kilo.

Préparation du saindoux

Choisissez du lard très gras, au lieu du saindoux, la graisse sera aussi blanche, aussi parfumée et vous coûtera 20-25 centimes de moins la livre. Coupez ce lard en morceaux très petits, mettez-le sur le feu avec trois verres d'eau par deux livres. Laissez cuire, jusqu'à ce que la graisse qui en sera sortie ne soit plus trouble.

Pressez les morceaux en les mettant dans l'écumoire et en remuant avec la cuillère de bois pour bien les exprimer. Quand vous aurez pressuré à fond tous les morceaux, mettez-les sur une assiette et gardez-les pour en graisser un ou deux légumes, selon leur quantité.

Versez la graisse dans un pot au fond duquel vous aurez mis de l'eau fraiche, puis laissez-la se refroidir.

Prenez cette graisse figée, cuillerée par cuillerée, et déposez-la dans un pot de grès, remettez-la un moment au chaud dans le pot, pour la liquéfier et qu'en se refroidissant une deuxième fois, elle forme un seul bloc. Gardez l'eau qui a servi à cette préparation, pour en mouiller une soupe.

CHAPITRE XI

I. — Conservation des légumes frais

Si vous avez une petite cave à votre disposition, ne manquez pas de l'employer pour des conserves d'hiver. Les légumes sont beaucoup moins chers en automne, au moment de la récolte, que pendant le reste de l'année, de plus, on a l'avantage de la facilité du choix, qui vous permet de les prendre de meilleure qualité. Il est nécessaire d'acheter à l'avance les pommes de terre, les choux, les navets et les gros choux-raves d'hiver.

Ces choux-raves, dont on fait un légume excellent, sont employés trop rarement dans notre pays. Ils sont précieux par leur bas prix, et les bonnes ménagères trouveraient fort bien leur compte en les employant une fois par semaine pour le principal repas de la journée.

Pommes de terre

Placez deux poutres ou deux rondins de bois, de la longueur d'un mètre environ, à quelque distance l'un de l'autre, dans un des coins de la cave. Placez au-dessus, de manière à en faire une sorte de plancher, des planches étroites séparées l'une de l'autre d'une largeur de doigt pour laisser passer l'air. Versez les pommes de terre sur ce tréteau, elles s'y conserveront mieux que sur la terre où elles se pourrissent rapidement.

Carottes

Mettez une couche de sable de 10 centimètres d'épaisseur sur le sol de la cave. Rangez les carottes en un cercle sur ce sable, la partie épaisse au bord, les pointes avec la racine se touchant vers le milieu. Mettez par-dessus une couche de sable de 2 à 3 centimètres d'épaisseur. Placez un nouveau rang de carottes disposées comme le premier et continuez ainsi jusqu'à ce que toutes les carottes soient empilées en une pyramide se rétrécissant vers le haut, ce qui donnera plus de solidité à l'entassement, et recouvrez d'un peu de sable.

Choux

Les choux se posent sur des planches, comme il est dit pour les pommes de terre.

Poireaux

Les poireaux sont moins chers que les oignons, et donnent le même goût aux soupes et aux sauces. Ils s'achètent à bon compte en automne, il faut donc se les procurer autant que possible à ce moment-là.

Mettez une épaisseur de 20 centimètres de terre dans la cave, près du soupirail de façon à ce que la plantation reçoive un peu de jour. Mettez des planches autour de ce tas de terre, pour en faire une petite plate-bande. Plantez-y les poireaux, arrosez-les de temps à autre si c'était nécessaire. Les poireaux se conservent ainsi pendant tout un hiver dans une cave bien aérée.

Gros choux-raves d'hiver

Les gros choux-raves d'hiver s'achètent en automne au prix de 10 centimes les trois. Leur volume est comparable à la grosseur d'une tête d'enfant. On les conserve à la cave sur un lit de sable. Une cave humide ne leur convient pas, et, dans ce cas, il vaudrait mieux les confire comme la choucroute et les raves aigres.

II. Conservation des légumes au sel

Choucroute

Prenez un tonneau de petite dimension, enlevez un des fonds, dressez le tonneau sur le fond qui reste, remplissez-le d'eau et laissez-le ainsi pendant deux ou trois jours, pour permettre aux douves de se gonfler en détruisant les fentes qui pourraient s'y trouver. Brossez soigneusement les parois de ce tonneau, de façon à ce qu'elles soient d'une propreté parfaite. Videz l'eau du nettoyage, et remplacez-la par une portion d'eau bouillante à laquelle vous ajouterez deux grosses poignées de feuilles de vigne ou de noyer. Recouvrez le tonneau d'un linge, et laissez macérer jusqu'au lendemain. Videz le tonneau, séchez-le avec un torchon propre en évitant qu'il y reste des parties de feuilles. Choisissez les choux très durs, très blancs, et à côtes fines. Faites-les couper par le coupeur de choux qui donnera à la choucroute une coupe plus fine que vous pourriez le faire vous-même. Mesurez un baquet de choucroute fraîchement coupée, déposez-la au fond du tonneau, en une couche aussi égale que possible. Pressez-la fortement avec les mains ; saupoudrez d'une bonne poignée de gros sel. Remettez un baquet de choucroute par dessus, en égalisant cette nouvelle couche comme vous l'avez fait pour la première, saupoudrez encore d'une poignée de gros sel, et ainsi de suite jusqu'à ce que le tonneau soit plein. Mettez un peu d'eau fraîche au-dessus, couvrez d'un linge blanc bien propre, placez-y le couvercle, qui doit être taillé assez petit pour qu'il reste, entre ses bords et les parois du tonneau, une ouverture de la largeur d'un doigt, de façon à ce qu'il repose de tout son poids sur la choucroute. Déposez 2 ou 3 gros pavés sur ce couvercle. Plus le couvercle est pesant, mieux cela vaut. Ayez soin, chaque fois que vous sortirez de la choucroute, de laver le linge qui la couvre, le couvercle et les parois du tonneau à l'eau fraiche. Assurez-vous si l'eau la recouvre d'un doigt, et dans le cas contraire, ajoutez-en un peu. La choucroute bien tenue se conserve pendant une année au moins.

Choux confits, dits « Kumpisch »

Achetez des feuilles de choux détachées, ou des choux de deuxième qualité qui coûtent fort peu. Préparez un tonnelet comme pour la choucroute. Coupez les feuilles en tranches larges de deux doigts, mettez-les dans le tonnelet par couches saupoudrées de gros sel, mais en quantité de moitié moindre que pour la choucroute ; versez un peu d'eau fraiche par-dessus, couvrez d'un linge blanc et posez le couvercle chargé de pierres.

Raves confites, dites raves aigres

Coupez les raves en lanières très-fines, au moyen d'un couperet spécial que possèdent les coupeurs de choucroute. Rangez-les dans un tonnelet comme il est dit pour la choucroute, mais avec un peu moins de sel et finissez de même. Les choux-raves d'hiver se préparent comme les raves aigres.

Betteraves rouges

Cuisez les betteraves, coupez-les en rouelles minces et mettez-les dans un pot de grès avec du vinaigre dépassant d'un doigt ; ajoutez du poivre en grains, de l'oignon pelé et coupé également en rouelles. Les betteraves ne sont bonnes qu'après avoir passé 3 ou 4 jours au moins au vinaigre ; elles s'y conservent fort bien pendant des mois.

TABLE DES MATIÈRES

PREMIÈRE PARTIE

CHAPITRE Ier

L'influence de la femme sur le bonheur de la famille 5

CHAPITRE II

Des soins à donner aux petits enfants....... 9

CHAPITRE III

De l'éducation des enfants 15

CHAPITRE IV

Tenue du ménage 24

Modèle d'un livre de comptes pour le ménage... 35

DEUXIÈME PARTIE

LIVRE DE CUISINE

CHAPITRE Ier

Soupes servant de repas complets

Pages

Manière d'apprêter les repas........................ 39
Soupe aux navets et aux pommes de terre............. 40
Soupe aux pommes de terre........................... 41
Soupe aux haricots blancs........................... »
Soupe aux pois et au riz............................ 42
Soupe verte... »
Soupe à l'orge au gras.............................. 43
Soupe grasse.. »
Soupe à l'orge et au riz............................ 44
Soupe Julienne aux gros légumes..................... »
La même soupe moins chère........................... 45
Soupe aux nouilles.................................. »
Soupe d'orge au maigre.............................. »
Soupe chartreuse.................................... 46
Soupe aux pommes de terre et au lait................ »
Soupe au riz au gras................................ 47
Soupe macédoine..................................... »
Soupe au riz maigre................................. 48
Soupe aux choux..................................... »
Soupe à la farine................................... 49
Soupe à l'oignon.................................... »
Soupe à la semoule grillée.......................... 50

Soupes pour les temps difficiles

Soupe aux pommes de terre........................... 50
Soupe à la semoule.................................. 51
Soupe à la farine................................... »

Pages
Panade économique........................ 51
Soupe maigre........................ 52
Soupe au riz........................ »
Soupe aux haricots secs........................ 53

CHAPITRE II

Légumes servant de repas complets

Choucroute........................ 54
Raves aigres........................ »
Gros choux-raves d'hiver........................ 55
Nouilles........................ »
Pommes de terre en purée........................ 57
Riz en légume........................ »
Riz au fromage........................ 58
Légumes au beurre noir........................ »
Pains de semoule........................ 59
Carottes et pommes de terre........................ »
Choux verts dits « Kumpisch »........................ 60
Nouilles aux pommes de terre........................ »
Pommes de terre et carottes au maigre........................ 61
Pommes de terre retirées........................ »
Haricots verts d'été........................ 62
Pois mange-tout........................ »
Choux au maigre........................ 63
Choux au lard........................ »
Choux vosgiens........................ 64
Boulettes aux pommes de terre........................ »

Légumes pour les temps difficiles

Pommes de terre vinaigrette........................ 65
Pommes de terre et carottes........................ 66
Choux mélangés de pommes de terre........................ »

Pages
Riz en légume 66
Pommes de terre en robe de chambre................ 67

CHAPITRE III

Soupers

Café au lait... 68
Pommes de terre en robe de chambre et lait.......... »
Soupe au lait .... »
Bouillie de farine de maïs 69
Bouillie de farine...................................... »
Bouillie à la semoule................................. 70
Orge villageoise.. »
Salade de lentilles .... »
Pommes de terre en vinaigrette 71
Vinaigrette plus chère.................................. »
Salade de mufle de bœuf............................... »
Tripes en salade.. 72
Mendiant.. »
Mendiant pour les temps difficiles 73

CHAPITRE IV

Menus de deux plats pour la saison d'été

Dimanche
Soupe grasse. — Légumes au beurre noir............ 74
Lundi
Soupe aux choux. — Fromage........................ 75
Mardi
Soupe à l'orge. — Légume de raves fraiches.......... 75
Mercredi
Soupe verte. — Légume de carottes avec pommes de terre 76

Jeudi

Pages

Soupe aux pois verts. — Choux et pommes de terre.... 77

Vendredi

Soupe aux prunes. — « Wassĕrstriwlė »............. 78

Samedi

Soupe aux légumes. — Purée aux pommes de terre et saucisses 79

CHAPITRE V

Menus de deux plats pour la saison d'hiver

Dimanche

Soupe au riz gras. — Choux garnis de pommes de terre. 81

Lundi

Soupe à la semoule. — Raves aigres............... 82

Mardi

Soupe aux pois secs et au riz. — Fromage........... 83

Mercredi

Soupe au gruau d'avoine. — Choux rouges garnis..... 83

Jeudi

Soupe veloutée. — Fraise de veau aux pommes de terre. 84

Vendredi

Soupe aux pommes de terre. — Nouilles en sauce..... 86

Samedi

Soupe panade. — Riz au fromage.................. 87

CHAPITRE VI

Viandes et Poissons

Ragoût de foie, poumon et cœur.................. 88

Veau rôti .... »

Foie de veau................................ 89

Porc rôti................................ »

Bœuf rôti 90

Pages

Veau en fricassée.......................... 91
Gras-double à l'étouffée .... »
Beefsteak.......................... 92
Côtelette de veau.......................... »
Stockfisch.......................... 93
Harengs frais en sauce.......................... 94
Grenouilles.......................... 95
Poissons frits.......................... »
Harengs salés aux pommes.......................... 96

CHAPITRE VII

Sauces

Sauce à l'oignon 97
Sauce blanche.......................... »
Sauce brune 98
Sauce à l'œuf.......................... »
Sauce vinaigrette.......................... 99
Sauce économique.......................... »

CHAPITRE VIII

Bouillons et Potages pour les malades et les petits enfants

Bouillon de bœuf.......................... 101
Bouillon de veau .... »
Potage au bouillon de veau pour les enfants du premier âge .... »
Potage au bouillon de veau pour les malades 102
Potage au tapioca.......................... »
Potage à la farine d'orge.......................... »
Potage au gruau d'avoine.......................... »
Potage à la farine de Salep 103
Potage à la farine de riz.......................... »

Pages

Potage au mucilage d'orge.......................... 103
Panade.......................... »
Panade au bouillon.......................... 104
Potage velouté.......................... »

CHAPITRE IX

Gâteaux et Beignets

Gâteau levé aux prunes.......................... 105
Gâteau levé aux cerises.......................... 106
Gâteau levé aux mirabelles.......................... »
Mendiant.......................... »
Mendiant aux cerises.......................... »
Gâteau de cerises.......................... 107
Gâteau de pommes.......................... »
Gâteau de prunes.......................... »
Gâteau de mirabelles.......................... »
Tranches au vin.......................... »
Beignets aux pommes.......................... 108
Pâte brisée pour gâteaux.......................... »
Beignets de fête.......................... 109
Beignets roulés.......................... 110
Baba dit « Kouglopf ».......................... 111
Brioche Agathe.......................... »

CHAPITRE X

Compotes

Compote de cerises.......................... 113
Soupe aux cerises.......................... »
Compote de prunes.......................... »
Compote de mirabelles.......................... »
Compote de pommes.......................... »
Compote de poires.......................... 114
Soupe aux prunes.......................... »

CHAPITRE XI

Préparation de l'huile de colza, de la graisse et du saindoux

Pages

Préparation de l'huile de colza 115
Préparation de la graisse .... »
Préparation du saindoux 116
Préparation de la graisse de ménage .... »

CHAPITRE XII

I. — Conservation des légumes pour l'hiver

Conservation des légumes frais 117
Pommes de terre .... »
Carottes .... »
Choux 118
Poireaux .... »
Gros choux-raves d'hiver .... »

II. — Conservation des légumes au sel

Choucroute 119
Choux confits dits « Kumpisch » 120
Raves confites dites raves aigres .... »
Gros choux-raves d'hiver confits .... »
Betteraves rouges .... »

Imp. C. Froereisen Epinal

www.ingramcontent.com/pod-product-compliance
Ingram Content Group UK Ltd.
Pitfield, Milton Keynes, MK11 3LW, UK
UKHW021038230726
13926UKWH00004B/1542